我的孩子 4 岁了

蔡万刚 ◎ 编著

中国纺织出版社有限公司

内 容 提 要

4岁左右，是孩子"闲不住"的年龄。这时期的孩子给人以"快"的印象，总能精力旺盛。他们能给人制造各种惊喜，但也带来很多麻烦。那么，我们父母如何给这一时期的孩子优质的陪伴呢？

本书将为您解读4岁这个年龄段孩子的发展特点，帮助我们的父母更好地了解我们的孩子，并用"教养有妙招"的方式告诉父母应该如何陪孩子一起快乐长大。

图书在版编目（CIP）数据

我的孩子4岁了 / 蔡万刚编著. --北京：中国纺织出版社有限公司，2021.4
ISBN 978-7-5180-7875-2

Ⅰ. ①我… Ⅱ. ①蔡… Ⅲ. ①儿童教育—家庭教育 Ⅳ. ①G782

中国版本图书馆CIP数据核字（2020）第174179号

责任编辑：闫 星　　责任校对：高 涵　　责任印制：储志伟

中国纺织出版社有限公司出版发行
地址：北京市朝阳区百子湾东里A407号楼　邮政编码：100124
销售电话：010—67004422　传真：010—87155801
http://www.c-textilep.com
中国纺织出版社天猫旗舰店
官方微博http://weibo.com/2119887771
三河市宏盛印务有限公司印刷　各地新华书店经销
2021年4月第1版第1次印刷
开本：880×1230　1/32　印张：7
字数：115千字　定价：29.80元

凡购本书，如有缺页、倒页、脱页，由本社图书营销中心调换

前言

当孩子到了4岁以后，作为家长的你是否发现：孩子好像经常喜欢自言自语，经常自己编故事、幻想自己具有某种超能力，甚至有时候我们都觉得孩子在撒谎；孩子的脾气变坏了，动不动就生气，还经常向老师和家长告状；总喜欢问这问那，甚至问一些令父母都难堪的问题，比如，"我是从哪里来的""为什么男孩子站着尿尿，而女孩子蹲着尿尿"……其实，这些表现正是这一阶段孩子的典型特征。

孩子到了4岁以后，身体素质日益增强，手脚灵活，剪贴、系带、画图都能轻松地做到。这一年龄的孩子一般正在上幼儿园中班，与小班幼儿相比，他们的动作进一步发展，活动能力增强，喜欢跑、跳、攀、钻等各种活动。游戏内容更加丰富，有一定的情节，游戏中能与他人合作。另外，此时的孩子有了丰富的想象力，经常幻想自己具有某种超能力；一些孩子还学会了说脏话……的确，4岁是一个比较令人烦恼的阶段。这个时候的孩子开始进入了叛逆期，和3岁时候的他比起来，4岁的他更加调皮，也更加难管教。

其实，如何让孩子度过精力旺盛的4岁，是很多父母和广

 我的孩子4岁了

大教育工作者正在探讨的一个话题。不过，首先，你只有懂孩子，才能更科学、淡定地爱孩子！

4岁的孩子正处于学龄前，我们千万不要用暴力的方式去教育孩子。我们要和孩子成为朋友，这样，我们教育孩子的时候，孩子才不会排斥我们。而关于孩子在幼儿园里的情况，我们也需要及时和孩子沟通了解。

另外，我们要学会有耐心、有智慧地管教孩子，因为这个世界对于他们来说就是新的，我们看上去很简单的东西，对他们来说则不是。我们要给他们独立成长的机会，让孩子主动去探索，去经历，我们要学会等待，允许孩子慢一点，从一点一滴做起。

而此时，为了让我们的父母在教育4岁孩子的问题上少走点弯路，我们编撰了这本书。它不仅适用于那些为4岁儿童教育而头疼的家长，也同样能帮助学校教育工作者，因为它没有高深莫测的教育学理论、晦涩难懂的教育语言，而是以简单、平实的语言、以鲜活的案例，帮你真正了解4岁孩子的成长特点，帮助读懂你的孩子，进而引导你的孩子从小就做一个开心快乐的小宝贝，长大后成为一个积极上进、身心健康的社会人，进而拥有自己幸福、美好的人生。

编著者

2020年11月

目录

第01章 4岁是"闲不住"的年龄——麻烦和惊喜总是并存 // 001

4岁孩子的个性特征 // 002

4岁的孩子为什么总是那么精力旺盛 // 005

4岁是孩子带来惊喜也制造麻烦的年纪 // 009

4岁孩子的生长发育特点 // 013

4岁的孩子为何有一双灵巧的手 // 016

教养4岁孩子，寓教于乐很重要 // 021

第02章 4岁孩子的语言能力——交流与创造能力突飞猛进 // 025

4岁孩子的认知能力发展有哪些 // 026

4岁孩子的语言发展特点有哪些 // 030

4岁就要注重训练孩子的口才 // 033

4岁孩子为何有天马行空的想象力 // 036

4岁孩子为什么开始说脏话 // 040

第03章 4岁孩子的心智发展——各种能力全方位迅速提升 // 047

4岁孩子适合做哪些运动 // 048

  4岁孩子已进入辨认颜色敏感期　// 055

  4岁音乐敏感期，如何开发孩子的音乐天赋　// 058

  带领孩子享受音乐的美　// 063

  4岁是孩子绘画能力快速提高的年纪　// 066

  4岁的孩子最爱阅读什么样的书籍　// 070

第04章　4岁孩子情绪敏感期——帮助孩子做情绪的主人　// 075

  了解4岁孩子的情绪特点　// 076

  细心观察，留意孩子的喜怒哀乐　// 079

  孩子总是"说个不停"，是有倾诉的愿望　// 083

  引导孩子学会认识和表达自己的情绪　// 086

  帮助孩子学习做情绪的主人　// 090

  为什么4岁的孩子那么任性　// 095

第05章　4岁孩子管教的技巧——和孩子一起去探寻奇遇　// 099

  鼓励和带领孩子一起探索世界　// 100

  和孩子一起做游戏，能促进亲子关系　// 103

  尽早为孩子设定这几条行为规范　// 108

  别吝啬对孩子的夸赞和嘉许　// 111

  良性沟通，建立亲密的亲子关系　// 115

目录

第06章 4岁孩子的社交能力——每个孩子都需要几个玩伴 // 121
  鼓励害羞胆小的孩子大胆与人交往 // 122
  鼓励孩子多考虑他人感受 // 127
  教孩子正确处理与同伴之间发生的冲突 // 130
  尽早让孩子了解一些社会交往规矩 // 134

第07章 4岁孩子的健康管理——父母是最好的家庭医生 // 139
  4岁孩子偏食怎么办 // 140
  关注孩子的饮食健康，保证均衡营养 // 145
  4岁孩子如何提升免疫力 // 148
  孩子长得慢怎么办 // 153
  保护孩子的大脑发育，从杜绝垃圾食品开始 // 157

第08章 4岁孩子的性别启蒙——此时进行性别教育最合适 // 163
  做好性别启蒙，重视儿童早期性教育 // 164
  孩子总问"我是哪里来的"，家长如何回答 // 167
  孩子4岁性别敏感期，家长先要调整自己的心态 // 172
  为什么男生站着尿，女生蹲着尿 // 175

第09章 4岁孩子的管教技巧——教育要有耐心、不能贪心 // 179
  管教孩子，要有耐心和智慧 // 180
  允许孩子有一定的自由，不要过度干涉 // 183

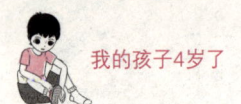
我的孩子4岁了

对于孩子的要求，不能粗暴地拒绝 // 187

适当约束，不要放任孩子的行为 // 190

第10章　4岁孩子的学习兴趣——要靠父母的培养和吸引 // 195

培养孩子多动脑的习惯 // 196

让孩子养成爱阅读的习惯 // 199

支持孩子的兴趣爱好 // 203

为孩子营造良好的学习环境 // 206

增进亲子互动，在互动中开发孩子的学习能力 // 210

参考文献 // 215

第01章

4岁是"闲不住"的年龄——麻烦和惊喜总是并存

如果有人问:"儿童最吸引人的阶段是什么时候?"专家一定毫不犹豫地说:"4岁"。但是对一般的大人而言,这个年龄却是最令他们头痛了。与3岁或5岁的时候相比,4岁儿童最不温顺;由于他们正处于所谓"精力旺盛年龄",身体的一切机能都生气勃勃地向各方面开始发展。那么,4岁孩子为什么总是那么精力旺盛,为什么让父母头疼?带着这一问题,我们来看看本章的内容。

我的孩子4岁了

4岁孩子的个性特征

很多家长发现，孩子在进入幼儿园中班，也就是4岁时，好像变得没有以前听话了，偶尔跟自己对着干，似乎还喜欢说脏话。一些父母感叹，孩子真是越来越难管教了。其实，孩子之所以有这样的表现，是因为4岁是孩子的心理断乳期。孩子一旦到了4岁，他的变化非常快，特别是行动力简直是突飞猛进。随着自我意识完善，他们越来越向往独立，渴望被认可，因此开始了第一次对父母的反抗也就不足为怪了。

下面我举一个小事例：

东东今年4岁了，上幼儿园中班，平时都是妈妈送他上学。每天早上，妈妈可忙了，除了要准备东东和爸爸的早餐，还要帮东东收拾书包，另外，还要督促东东赶紧吃饭上学，一切就绪后，她自己才有时间去洗脸、穿衣。这天，东东等得不耐烦了，不断地催促妈妈，妈妈气急之下说："别催了好不好，你着急那你自己去吧。"

妈妈也就一说，但谁成想，等自己收拾好出来时，发现东东不见了。她找了下，电梯口也没有，妈妈马上着急了，但惊慌之余还好没有失去理智，沿着小区出口寻找，在临近小区门口看到东东的身影。她本来想喊住儿子，但是转念一想，何不

第 01 章 4岁是"闲不住"的年龄——麻烦和惊喜总是并存

看看这小子是怎么过马路的。出了小区,东东站在人行道口东看看,西瞧瞧,绿灯亮了他就顺着斑马线过去。妈妈听到他过马路时在哼歌,忍不住笑出声来。

东东转头一看,发现是妈妈站在后面,还不好意思地抓抓头。妈妈问东东你怎么不等妈妈就走了,东东反问妈妈:"不是你让我自己去吗?"

妈妈说:"傻孩子,让你走你就走呀!你不害怕吗?"

东东回答:"之前有点害怕,可我发现唱着歌就不怕了。"

妈妈借此机会表扬了东东,表扬他过马路很有安全意识,左看右看没车才过马路。东东非常高兴被妈妈表扬。妈妈接着告诉东东他现在还小,应该等着妈妈一起走,等你9岁时就可以自己上学去了。东东接受了妈妈的建议,无限憧憬着9岁以后独立上学的日子。

在这个事例中我们最该赞扬的是东东妈妈的做法。面对东东的做法,她并没有劈头盖脸地指责东东,反而还表扬以及肯定了他过马路的方式,让东东也很愉快地接受了妈妈的意见。可见,4岁是孩子的第一次叛逆期,此时,他们已经有了自己的独立意识,开始反抗父母。对此,我们不能一味地压制孩子,而是要更好地去引导他,让他自主接受。

另外,对于4岁的孩子来说,他们还有以下这些个性特点:

1. 活泼好动、精力旺盛、动作灵活

此时的孩子已经上幼儿园中班了,手部的精细动作得到了

003

我的孩子4岁了

发展，此时，他们已经能顺利地做剪贴、系带、画图等活动，他们比以前喜欢跑、跳、攀、钻等。游戏内容更加丰富，有一定的情节，游戏中能与他人合作。

2. 爱玩，脾气不好，且不太能理会别人的感觉

4岁的孩子已经到了幼儿园中班了，相对于3岁时来说，他们已经懂得了一定的规则，具有初步自我控制的能力，不像以前一样做出一些如咬人、打人的行为。

他们在成人的帮助下，开始能判断是非，所以在幼儿园看到其他孩子有违规行为时，会向老师告状，懂得怎么表现才能获得老师和家长表扬等。

3. 对自己开始有一个整体的观念

4岁以前孩子会认为手是手，脚是脚，并非自己的一部分，而4岁的孩子除了手脚以外还能体验到整个身体，甚至会体验到"心"的存在。

4. 4岁孩子有惊人的想象力，喜欢编故事

4岁的孩子偶尔会像个小话痨，他们甚至会自言自语地编故事，甚至是天马行空的想象。而在成人看来，他们说的话好像是在撒谎，这是因为他们并不清楚真实与虚幻之间的界限在何处。此时，我们千万不可批评孩子，否则会伤害孩子自尊心，打击他们的积极性。

我们父母应该了解此时孩子的这一特征，别加上莫须有之罪名，应耐心地向孩子解释，什么是真实的，什么是虚幻的。

随着年龄的增长，他们会有很多奇怪的想法，比如，认为自己是一个飞人、一只怪兽等，但这些想法会慢慢消失，孩子也能慢慢分清电视上看到的节目是真实还是虚构的。

4岁孩子的典型心理现象是好奇、好动、好模仿、好被人称赞，对此，成人应该在坚持原则的情况下去照顾及引导，应耐心地满足其因为好奇所引起的发问，并带领孩子多做户外活动，以发泄其旺盛的精力。

教育专家认为，大多数4岁的孩子都会出现这样几个典型的特征：行为过度，表现为容易冲动，气急之下说脏话，甚至还会向人吐口水或者打人，经常情绪外放，要么哭要么笑。他们的表达方式总那么热情奔放，总喜欢夸大自己的能力和行为，似乎只有用这样夸大的形容才能证明自己已经长大了。对此，专家建议，我们要适应他们夸张的表达。很多妈妈会问"天哪！这要持续多久呢？"其实，我们家长不必担心，只要我们给予正确疏导，过了这一年龄段，孩子的这类行为自然会有所减少。

4岁的孩子为什么总是那么精力旺盛

可能不少父母发现，孩子到了4岁、进入幼儿园中班后，似乎总是精力旺盛，和他们相处，一天下来，尤其是周末，父母

我的孩子4岁了

都快累瘫了,他们却还体力在线。他们还常常做出一些让人生气的"熊孩子"行为,父母常被折磨得一个头两个大。一些父母总想让孩子安静下来。其实精力旺盛是这一段时间这些孩子的正常表现。要知道,与小班幼儿相比,中班幼儿的动作进一步发展,活动能力增强,喜欢跑、跳、攀、钻等各种活动,而且可以单足站立、抛接皮球等。他们的手指动作更为灵巧,能够做一些更精细的动作。4岁儿童喜欢的游戏内容更加丰富,有一定的情节,游戏中能与他人合作。

养育建议:家长要尽量多抽出时间陪孩子进行一些有趣的游戏,并且在游戏过程中给予孩子更多的活动空间,不过度保护,以满足孩子的发展需要。

我儿子小贝到了中班后,比以前更疯了。他一出门就喜欢疯跑,刚开始我也总是追着他跑,生怕他有什么危险,还嚷着"不要跑啊,当心摔倒"。每次喊完,就发现他跑得越发带劲,更加无法静下来,我实在追不动了,也许他觉得这样跑真的很好玩吧。

后来,我调整了策略,不去干涉,就让他去玩,当然,这要保证在安全的前提下。这样,他反而没那么疯了,20分钟左右,他就会跑回我身边,要求喝喝水并坐一会休息。因为当大脑得到足够刺激后神经系统就会稳定下来,孩子自然可以安静。

这里,这位妈妈"应对"精力旺盛的孩子的方法是值得效仿。孩子到了4岁以后,由于活动能力的增强,会产生活泼好

第01章
4岁是"闲不住"的年龄——麻烦和惊喜总是并存

动的倾向。有研究发现，4岁孩子的抗疲劳能力堪比铁人三项选手。此时，我们不可打压，相反，应该在保证安全的前提下给予孩子一定的活动自由。研究还表明：运动时会产生多巴胺、血清素和肾上腺素，前两者可以稳定情绪，后者可以加强孩子专注力，这也是为什么说运动可以改善孩子学习的原因。

那么，面对孩子的精力旺盛，具体来说，我们该怎么做呢？

1. 带孩子出去走走，回归自然

作为父母，我们不妨多抽出一点时间，陪着孩子多出去走走，让孩子感受一下自然的伟大和神奇，尤其是那些山清水秀的地方，更是释放心理压力的好去处，在神奇的自然面前，所

我的孩子4岁了

有的一切烦恼事都会烟消云散。

2. 体力排放法

体力排放，也就是人们常说的运动法。这里的运动，包括很多种，比如，蹦床、跳弹簧垫、在有弹性的床上跳等。

这里，不同的运动对孩子的身体成长有不同的益处，比如：

踩平衡板、走平衡木、骑平衡车，可以锻炼孩子的平衡能力。荡秋千、骑木马、坐摇椅带来的摇晃，对孩子的前庭觉可以起到全方面的刺激作用。接、投球的游戏也很适合这一阶段的孩子。别看一个简单的游戏，孩子可以在接球、抛球、追球中得到速度的刺激和空间距离的变化。

当然，每天适合孩子动的时间也是有讲究的。一般来说，学龄前孩子最好有至少半小时到一小时的体育锻炼和嬉戏活动。

3. 鼓励孩子与人交往

孩子结交朋友，与朋友一起玩耍和学习，也能释放他们过多的精力，帮助其健康成长。

4. 寓教于乐，多陪孩子玩游戏，在游戏中学习

生活中，一些父母认为，孩子就应该学习，比如，他们想让孩子识字，但他们却不讲教育方法，仅仅在纸上写几个字，让孩子照葫芦画瓢，进行模仿。这样教育，孩子毫无兴趣，自然也学不好。而父母便认为孩子是在偷懒，往往采取惩罚的手段。这样的教育方法，只会让父母累，孩子苦，但收效甚微。

第01章

4岁是"闲不住"的年龄——麻烦和惊喜总是并存

这种教育方法还会造成孩子的逆反心理，令孩子在将来上了小学后，也会对学习发怵，甚至出现逃学的行为。

其实，即便是中班的课程，也依然应该以游戏为主。我们即使要让孩子学习，也最好能寓教于乐，因为对于婴幼儿阶段的孩子来说，本身他们大部分的时间都是在玩中度过的。

因此，我们可以说，让孩子在幼儿园时期有充分的玩的机会，对于孩子的智力和非智力因素的发展都是极为重要的。同时，这也能避免孩子因为无法疏通过多的精力而出现某些身心上的障碍。

因此，当你的孩子4岁、开始精力旺盛时，千万不要制止孩子，因为这是引导孩子掌握平衡和灵活性的最佳时期。你可以多陪孩子参加各种游戏和运动，多抽时间陪孩子。这样，在玩乐中，孩子的智力、想象力、创造力、与人交往的能力等都得到了锻炼，这些都是他们将来接触社会时必须掌握的。

4岁是孩子带来惊喜也制造麻烦的年纪

如果有人问："孩子最难管的阶段是什么时候？"专家一定毫不犹豫地说："4岁。"的确，对于很多家长来说，这个年龄的孩子确实最令他们头痛了。此时的孩子正在上幼儿园中班，与小班或者大班时期相比，这个时期的孩子最调皮、最精

我的孩子4岁了

力旺盛，他们的身体机能也开始逐步完发展和完善，且这个时候他们最不温顺，无论是好情绪还是坏情绪，他们都毫不掩饰地展露出来。

很多家中有4岁孩子的父母，有时被孩子烦得几乎手足无措，甚至会赌气说再也不想管他们了。这时候，他们大概才有深刻的体会：养儿不易。但从另一个角度来看，父母也必须经历这一阶段才能自我成长。

4岁是孩子最精力充沛的阶段，但这个时期的孩子并不像很多成人所说的那样反抗意识强烈，正相反，他们很喜欢与人接触，喜欢交朋友，只不过这个时期的孩子同样很傲慢、自信而具有独立意识。

此外，4岁的孩子非常喜欢任何事都尝试，无论是自己的玩具，还是家里的剪刀、秋千或三轮车，他都能玩半天。比如，我们经常会看到这个时期的儿童披着花衣服模仿电视上的明星唱歌，或是和同伴玩扮家家酒。

他们这时期的成长脚步非常快。只要他们稍加停留，用认真的眼光注视某件事，就一定会发现一些新奇的玩意儿，接着便穷追不舍地发问："这是什么？怎么会这样？为什么呢？"对4岁孩子来说，这世界上的事对他们而言仍然多半是陌生的，为了了解，他们会不厌其烦地去追究。对幼儿这种穷追不舍的精神，大人常常觉得吃不消。

4岁孩子同时也有大方、自夸且喜欢吹牛的特点。如果谈到

第 01 章

4 岁是"闲不住"的年龄——麻烦和惊喜总是并存

他们感兴趣的话题,他们的表现往往令大人自叹不如。总之,整体的人格在4岁时已有所展现,日后会很巧妙地陆续表现出来。

迅速成长所导致的偏差和混乱,普遍地出现在4岁儿童身上,希望大人以宽容的心来面对这些问题。这阶段的幼儿,家庭教育必须留意下面几点:

1. 保持足够的耐性,不要对孩子的多话或者好动行为不耐烦

首先,父母要接受幼儿这阶段的多话现象。这一时期是孩子语言发展的敏感期,孩子难免多话,但也容易学习不好的行为习惯,所以大人应为小孩树立正确的说话典范,同时也要当幼儿忠实的听众。

父母要对他们的话表示关切,尤其不要抑制幼儿说话的欲望,请多制造些愉快气氛;而例如"闭嘴"等禁止小孩说话的话语是最不应该出现的。

如果家中有客人,大人担心他们会影响谈话时,可先告诉他:"等一下再听你说好不好?"让他们养成等待的习惯。

以上的说法并非要父母随时陪在孩子身旁,只要每天抽出三四十分钟耐心地陪他就可以,其余的时间妈妈可以一面工作一面应和说:"原来这样呀!"并注视着他的眼睛,让他知道你对他的话是有反应的。这虽然只是非常简单的反应,但已能令孩子相当满足了。

此外,在母亲为晚餐忙碌时,由父亲代为陪伴孩子也是个好方法,这时候父亲不妨把外界有趣的见闻告诉幼儿,这更能

我的孩子4岁了

满足小孩的好奇心以增进父子间的情感。

4岁的孩子往往表现出精力旺盛的特点,什么都想尝试。此时,我们不可大声制止和喝斥孩子,而应该加以引导,多陪伴孩子进行体育运动和游戏,帮助孩子释放精力。

2. 了解孩子内外的差异

我们发现,很多4岁的孩子,在家里像个"话痨",但外出就不怎么爱说话了,尤其是在自己不怎么熟悉的环境,他们甚至缄口不言,此时,一些父母可能揶揄孩子:"在家不是讲得很好吗?现在怎么搞的?"

其实,这是一种很常见的现象,并不是孩子的语言问题,而是一种社会性问题。只要让他们习惯不同的人和环境,自然就可以慢慢克服这种障碍了。

3. 不要在意孩子的粗话

一些家长认为,孩子到了中班后,似乎是学坏了,总说粗话,甚至因此禁止孩子在学校与其他孩子接触和交往,其实,这是一种因噎废食的行为,孩子的社会交往能力会因此受到限制。

我们父母要知道,4岁是孩子最为精力旺盛的阶段,这一时期,孩子在不断地学习,好的坏的都在学习,只要家人使用正确的语言方法,粗话的新鲜感很容易就消失了,大人不用太在意。

当4岁孩子第一次说粗话时,父母不妨对他说:"这句话不

第 01 章
4 岁是"闲不住"的年龄——麻烦和惊喜总是并存

好听,不应该这么说哦!"然后教导他正确的说法;如果以后再听到他说粗话就故意闷不吭声,让他以为这种话无法与大人沟通,那么他以后自然而然就会改掉说粗话的行为;如果大人因此大惊小怪反而会造成反效果。

当我们能更多地理解孩子时,我们会发现,孩子的各种"熊"其实是出自他自身的发展需要。当这种发展需要能够被成人理解和顺应时,孩子自然能健康快乐地成长。

4岁孩子的生长发育特点

4岁是孩子进入幼儿园中班学习的阶段,此时的孩子已经能适应幼儿园生活了,且他们无论是身体还是心理都较之于小班时更为成熟。此处我们来分析这一阶段孩子的生长发育特点,具体来说,有以下几个方面:

1. 身体的发育以及手部精细动作的发展

此时孩子的身高、体重相对于小班时期仍然在增长,仍然是身高的增长速度稍快,而体重的增长相对较慢,因此,这一时期的儿童多半只长个子而不长胖。

随着孩子身体机能的发展,孩子的运动功能也有所提高,所以表现得特别活泼好动,整天蹦蹦跳跳动个没完。他们能跑善跳,会玩球、跳绳、攀登等。

手的动作也更加灵巧，此时的孩子能参与一些简单的劳动、游戏和生活自理，开始能自己使用筷子，能自己吃饭。

2. 语言发展迅速

4岁的孩子，随着与外界交往范围日益扩大，以及有了一年的幼儿园学习生活，他们的语言能力得到了进一步发展，词汇量迅速增多，能达到1600多个。在这个基础上，儿童的口语表达能力也在提高，他们能较轻松地与人沟通，能将自己的想法表达清楚。

作为父母，在家庭生活中，一定要注意使用语言时要规范、文明，切记不要过多地使用婴幼儿语言，比如吃饭饭，喝水水，睡觉觉等，这样会阻碍孩子正常的语言发展和孩子对语言的判断能力。

3. 思维以具体形象为主

如果问4岁的孩子"4与2相比谁多谁少？"他们会摇摇头说不知道，但如果问他们"4个苹果与2个苹果相比谁多谁少？"则他们都会回答4个苹果多。这是因为4和2这两个数字是抽象的，难以理解，而4个苹果和2个苹果，则是具体形象的。如果问："2个苹果加2个苹果是多少？"孩子会说不知道。但是当你问"2个苹果再添上2个苹果是多少时"，孩子一定能说出是4个苹果。

4岁孩子的这种思维特点就决定了幼儿园的计算课程的特点，即不直接让孩子学几加几等于几。经常有家长有这样的疑

第 01 章
4 岁是"闲不住"的年龄——麻烦和惊喜总是并存

问：你们不教加减法吗？幼儿园的回答是："教，但不是现在。"这会儿您明白了吗？因为幼儿园的课程一定要遵循幼儿不同年龄段的心理和年龄发展特征。

这个年龄孩子的思维由直觉行动性思维发展为具体形象思维，即他们可以凭借事物的具体形象或表象的联想来进行思维。孩子们最喜爱做游戏、看电视、看电影、听故事、看画本等，与这时期孩子的思维特点是有密切关系的。

随着语言和思维能力的不断提高，孩子对事物也具有了一定的判断能力，求知欲也越来越强，遇到任何对于他们来说新鲜、特殊的事物都要问个为什么。

4岁是数的概念形成的最佳时期。这时期孩子掌握了10以内的数的概念，他们能够口手一致地点数10以内的实物，知道10以内数的组成和顺序。

4. 这时期的孩子已具有一定的学习和劳动能力

此时的孩子能完成大人布置的一些基本的学习和劳动任务，如认数、计算、美工、音乐以及从事一些家庭和幼儿园里的简单劳动，自我服务能力较强，但由于孩子身心发展的特点，他们还不能将学习、劳动与游戏活动完全分开，他们往往把学习、劳动任务当作游戏来完成。

5. 这一年龄段是孩子的性别敏感期

此时的他们已经开始意识到男女的性别，开始对异性的身体表示好奇，并会向家长提出一些这方面的疑问。

 我的孩子4岁了

这时,一些家长可能会大发雷霆,认为孩子学坏了,其实,家长不应回避或阻止孩子的提问,应当给孩子正确、清楚、恰当的回答,适时地向孩子进行科学的性教育。

总的来说,4岁是孩子身心快速发展的时期,这一时期的孩子相对于3岁时有很大的变化。很多父母发现,此时的孩子比去年难管教了很多。之前还是父母说什么就是什么,到这个年龄阶段就会开始和父母唱反调,会和父母顶嘴了。比如,以前他很喜欢吃苹果,但现在你给他一个苹果,他可能会说"我不要吃",你放下了,隔一会儿他又自己跑过来吃;你对孩子说不要站在椅子上,很危险,他就是不听,反而更起劲;你对孩子说不要在家里大吼大叫,再不听就要打他,结果你象征性地轻轻拍了他,反而重重地打你……其实,孩子的这些表现是因为这一阶段是孩子人生的第一叛逆期,了解孩子此时身心发展的特点,有助于帮助我们找到教养孩子的正确方式,进而帮助孩子健康成长。

4岁的孩子为何有一双灵巧的手

作为父母,我们发现,孩子到了幼儿园中班以后,似乎比以前心灵手巧了很多,他们可以自己穿衣服、脱衣服;会用叉子、勺子和餐刀(有时),在幼儿园时还能自己上厕所了。其

第01章
4岁是"闲不住"的年龄——麻烦和惊喜总是并存

实,这是因为这一阶段孩子的手部精细动作得到了发展,除了以上这些表现外,他们还可以握笔写字,描摹三角形和其他几何图形。可以画出带有身体的小人,能写出一些字母。在听到喜欢的音乐时还能拍打出较容易的节奏,喜欢涂涂画画,能用黏土或橡皮泥捏出一些形状和物体,如圆形、方形、西瓜、苹果、香蕉等,有时还能捏出人像或动物的形象。

另外,这一时期的儿童在表达自己的想法时,经常要用手势、表情一起帮助表达与创造。对此,儿童教育心理学家建议,父母要根据孩子这一特点有意识地对孩子进行手部精细训练。因为精细动作的发育情况不容忽视,精细动作的发生是受到感知觉、注意力等多方面心理活动影响的,它与大脑发育息息相关。提升了精细动作,等于在孩子的感知和专注力方面也做了提升,有助于孩子的大脑发育。

著名教育家陈鹤琴先生说:"凡是孩子自己能做的事,让他自己去做。"训练孩子的手部精细动作,最直接和最便捷的方式就是让孩子多动手、让他们自己做自己的事,也就是我们说的自理。自理能力很重要,它能同时培养孩子的责任感,使孩子能对自己的生活、行为负责。从小开始,家长就应该让孩子做一些自己力所能及的事情,逐步养成爱劳动的生活习惯,这无论是对他们的智力开发、手部训练,还是对责任感的培养,都有深远的意义。

有位妈妈在谈到教育儿子的心得时这样分享道:我们家里

我的孩子4岁了

虽然是祖孙三代,可爷爷奶奶对孩子的独立性培养很重视。只要是孩子能力范围可以完成的事情,我们都让孩子自己做,其他人在旁边,在必要的时候给予孩子指导。突然有一天,儿子高兴地说:"我自己会穿衣服了,你们都下去吧,我自己的事情自己做。"让我感到十分高兴的是,他竟然真的自己穿上了衣服,虽然穿得歪七扭八的。我不失时机地夸奖了他,他高兴地一蹦一跳的。

和这位母亲一样,我们都要重视孩子的早期教育,要尽早培养孩子的自理能力,这就要告诉孩子"自己的事情自己做,"这样不仅能训练孩子的动手能力,还能提升孩子的抗挫折能力。要知道,我们的孩子总有一天会长大的,小的时候受

第01章
4岁是"闲不住"的年龄——麻烦和惊喜总是并存

到一点挫折,凭借自己的力量解决,明天就会独立成长。孩子总要离开父母的怀抱,走进竞争的社会。家长放手越早,孩子成熟越早。早些让孩子自立,孩子的责任感会增强。当孩子逐渐有了自己的主见,他们也就能逐渐自立了。在这点上,家长应注意以下几点:

1. 父母首先要学会放手

培养孩子的自理能力,首先父母要有让孩子独立的意识,否则所有的行为都是一句空话。而所谓独立的意识,简单一句话就是孩子能做的让他自己做,因为每个人的生活终将是每个人自己过,家长不能在他幼儿时剥夺他独立生活的意识。只有这样,孩子以后才能走得好、走得让家长放心。

从孩子学走路的那一刻,孩子就已走上自己独立的征途。父母要做到,孩子能自己走,哪怕走得歪歪扭扭,会摔跤,也要让他自己走。而到了4岁以后,孩子的手部动作得到发展,我们要让孩子学会自己吃饭、洗漱、收拾房间等,一开始孩子可能做得不好,我们也要鼓励他们,这样孩子才有兴趣改进。

2. 不要扼杀孩子的自理萌芽

其实,每个孩子都有自己动手的欲望,不同的年龄段有不同的表现,比如1岁多时爱甩开大人自己走路、自己去抓饭来吃、自己穿鞋子等,因为他们对这个世界充满了好奇,想通过自己双手的触摸来探索。而到了4岁的时候,当家长要为孩子收拾房间时,孩子可能会说:"不需要你来弄,我自己收

我的孩子4岁了

拾。"当孩子有这样的表现时，家长要鼓励，用笑脸来鼓励孩子去做。

3. 自己的事情自己做

孩子到了4岁，已经可以自己做一些事情，这正是培养自理能力的好时候，而从自己身上开始做、自己能做的事情自己做，这是一个很好的方法。比如自己喝水、自己走路、自己吃饭等。

4. 父母要有足够的耐心

我们经常会看见这样的画面：孩子在穿鞋子，穿了半天没穿好，妈妈冲到他面前，边数落边快速地帮孩子把鞋穿上。孩子动作都是慢的，因为这个世界对于他们来说是新的，我们看上去很简单的事情，对他们来说则不是，都要去学，反复练习才能做到。所以，家长要有足够的耐心。

比如，父母很赶时间，但孩子还在那磨蹭，解决这个问题的方法是：总结经验，把出门的时间提前一点，比如打算9点出门，就从8点10分或8点就开始准备。这样，就有足够的时间给孩子自己穿鞋穿衣了。在孩子自己穿好衣鞋后，父母可以给他们奖励，但不能是物质的，最好是口头上的奖励，比如摸摸他的头、冲他笑一下，或者给他一个大拇指，这样就够了。孩子从家长的表情、动作就可感知你的鼓励。每个人都是有惰性的，大人是，更不要说小孩了，关键看惰性来时怎么去引导。

总的来说，手部精细动作的健全发展，可以使孩子认识事

第 01 章
4岁是"闲不住"的年龄——麻烦和惊喜总是并存

物的各种属性及彼此间的联系,促进其知觉完整性与具体思维的发展。4岁的孩子已经有了一定的行为能力,我们可以据此让孩子学会做一些力所能及的事,以此训练孩子的动手能力。这也有利于培养孩子自理的习惯和自立的能力。日常生活中,不要总是为孩子包办一切,纵容孩子的懒惰,凡事爱替孩子动手的习惯妨碍了孩子自理能力的培养及锻炼,更剥夺了孩子学会独立自理的机会。在孩子自己动手时家长要有耐心,要容许孩子犯错误,只有这样,才能培养出一个心灵手巧、自理能力强的孩子!

教养4岁孩子,寓教于乐很重要

我们都知道,4岁的孩子已经基本上开始上幼儿园中班,有了一定的行为能力,但幼儿园生活毕竟以游戏为主,学习为辅,我们家长在配合学校的教学活动、教养孩子时,也最好做到寓教于乐,以此激发孩子的积极性。然而,我们发现,有的家长希望自己的孩子早日成才,不顾孩子的身心特点,使他们从事过分紧张的学习活动。超越限度地"促进"幼儿的发展,反而是有害的。

心理学家告诉我们,人类的行为在很大程度上都是趋乐避苦所致,良好的情绪是大脑思维的润滑剂。所以,教养4岁的孩子,要尽量满足儿童对"快乐"的心理需求。

我的孩子4岁了

　　的确，对儿童成功的教养在于把握住儿童的爱好和潜能，寓教于乐，在轻松愉快的环境中提高孩子各方面的能力。在玩乐中，孩子的智力、想象力、创造力、与人交往的能力等都得到了锻炼，这些都是孩子将来接触社会时必须掌握的。

　　因此，我们可以说，让孩子在婴幼儿时期有充分的玩的机会，对于孩子的智力和非智力因素的发展都是极为重要的，同时，也能避免孩子出现某些身心上的障碍。

　　有些家长总对孩子不放心，对孩子的活动范围过多地加以限制，结果抑制了孩子主动性的发展，致使孩子习惯于一切坐等父母安排，生活自理能力差，遇到新环境、新情况就不知所措。所以，让孩子经常参加一些活动，有助于他们在心理上摆脱对父母的依附，同时可以开阔孩子的视野，增长孩子的见识，培养孩子的责任感、事业心、钻研精神和独立能力等。如节假日带孩子去野外踏青郊游的时候，你可以让孩子留心大自然的景象及其变化，让孩子运用他自己学到的语文、数学知识来解释周围的现象，并不断提出"为什么"，家长适时给予点拨。家长可以任孩子去跑、去玩、去交往，让孩子仔细观察人们的社会生活，观察人们是如何进行劳动创造的，这会激发孩子的劳动热情和创造欲望，使孩子的想象力自由驰骋，从而逐渐成长为一个大有作为的人。

　　教养4岁的孩子，我们一定要重视方法，最好能寓教于乐，因为对于婴幼儿阶段的孩子来说，本身他们大部分的时间都在

第 01 章

4 岁是"闲不住"的年龄——麻烦和惊喜总是并存

玩中度过。因此，当你的孩子开始在草地上摸爬滚打的时候，千万不要制止孩子，这是引导孩子掌握平衡和灵活性的最佳时期。如果你的孩子大一点了，你还可以放手让他和同龄孩子共同游戏。

在一个人的成长过程中，游戏非常重要，尤其是在建立自尊和自信这一问题上，游戏的作用很大，比如在玩"扮演"类游戏时，一些女孩子就特别擅长扮演角色和设计游戏情节。儿童能在这样的游戏中认识自我，在孩子选择玩什么，或者决定和谁一起玩的过程中，他们完成了身份的认同——这二者正是建立自尊必不可少的两个步骤。

通过游戏，儿童还可以发现自己有能力做些什么，因为游戏有助于培养他们在语言、社交、动手能力和解决难题等各个方面的能力，从而加强他们的自信和积极性。

另外，我们要给孩子提供快乐的生活和学习环境，一个美好舒适的环境能给儿童带来快乐的心理暗示，也能够减少孩子的心理压力，这就是为什么很多幼儿园都会布置得活泼、有趣。

总的来说，我们教养 4 岁的孩子，要与小学的孩子有所区别，要遵循寓教于乐的原则，一定要站在孩子的角度考虑问题，不能一味地逼迫孩子，这样不仅没有效果，甚至还会让孩子反感。

第 02 章
4岁孩子的语言能力——交流与创造能力突飞猛进

幼儿园中班的孩子语言和思维能力发展特别迅速。对于这个阶段的孩子，父母印象最深的可能是孩子变得好像问题很多，而且问的都是一些奇怪的问题，比如，"我从哪里来""我是谁"等。其实，一方面这是因为孩子的思维能力在这一时期得到了发展，另外，这也是因为孩子的语言能力得到了提升。对此，作为父母，我们要适时发现孩子的变化，加以引导，进而提升孩子的交流和表达能力。

我的孩子4岁了

4岁孩子的认知能力发展有哪些

4岁的孩子已经上幼儿园中班,较之于小班的孩子,这一时期的孩子在认知能力上有了很大的发展,具体表现在:

1. 言语

4岁的孩子比3岁的孩子有了更清晰的语言表达能力,词汇量也更为丰富,喜欢表达自己的想法,但他们的表达能力依然有所欠缺,且理解能力不足,无法用语言准确地描述,因此经常在表达时断断续续。

另外,因为此时的孩子好奇心增强,加上他们语言能力的提升,他们总喜欢提出疑问,甚至问父母一些难以回答的奇怪的问题,此时,我们要给予足够的耐心,多与孩子交流。另外要注意给他们选择好的读物。

2. 注意力

此时孩子的注意力方式依然是无意注意占优势,他们的注意力很容易被转移,不过,他们的有意注意也在发展,比如,孩子看书失去兴趣要丢下图书时,我们一句鼓励的话让他又认真翻阅下去,这就表现出孩子的有意注意。

我们在引导孩子时,除了选择孩子喜欢的事物外,还要多鼓励表扬,促进孩子有意注意的发展。

第02章

4岁孩子的语言能力——交流与创造能力突飞猛进

4岁孩子的注意力可以持续十几分钟,所以,我们父母可以在晚上关上电视、放下手机,和孩子进行亲子阅读,以培养幼儿有意注意的发展,让孩子自己看书,不要给他讲。看完后可以大家互相交流一下,给孩子创设一个好的氛围。

3. 观察力

4岁孩子的生活圈子有限,对事物的理解能力也有限,且对事物的观察停留在表面,不够深入。他们的注意力一般持续时间为6~7分钟,所以,他们很难长时间地观察某个事物。

观察的概括性还处在列举阶段,比如,给他们一张图片,他们往往只能看出图中有什么人、什么东西,只能回答"有什么?是什么?"而对于一些深奥的问题,比如,"在做什么?怎么做?为什么这样做?"这一类的问题通常难以回答。

家长如果能在生活中经常引导孩子观察,多问一些问题,那孩子无论生活经验或智力的发展都将大不一样。

4. 想象力

4岁的儿童活泼好动,并且富于想象,难以分清虚幻和现实,他们常常会把看到的内容融入自己的想象,比如,他们会站在沙发上,摆出起飞的姿势,说:"看,我会飞。"

他们还喜欢假装做什么,会自言自语,看上去他们是在撒谎,但其实他们是在想象,用想象代替真实。

5. 记忆力

我们可以将记忆分为有意记忆和无意记忆,而4岁的孩子的

记忆形式依然是以无意记忆为主,比如,老师为他布置了一个小任务,当回家后,父母问学校有什么任务时,他根本想不起来了,但幼儿园有小朋友过生日他却记得,这就是很多幼儿园会将孩子的学习任务直接告诉家长的原因。

4岁的孩子往往学得快忘得快:学一首儿歌很快,几遍就记住了,但几天不复习,他们就会忘得一干二净。这跟孩子的理解程度有关,不理解的机械的背诵很快就会忘记。记忆保持时间的延长(再认、再现)处于没有策略阶段。

对此,老师和家长应锻炼他们的注意力,同时提高孩子对词语的理解能力。当孩子能听懂大人解释的现象时,他们学习的积极性就高了,学习能力也会增强,记忆力会明显提高。

6. 思维力

4岁的孩子还缺乏通过词语逻辑来思维的能力，更多的是在动手玩乐中进行思考，比如，他们在洗手时会摸着肥皂问"为什么会这么滑，是什么做的呢"所以，在生活中我们要引导幼儿善于思考，要发展幼儿的思维能力，还要保护幼儿的好奇心。

4岁儿童的思维具有具体形象的特点，在理解成人语言时，他们时常凭借自己的具体经验，如教师说"一滴水，不起眼"，儿童则理解成了"一滴水，肚脐眼"。这时期的儿童在已有感性经验的基础上，开始能对具体事物进行概括分类，但概括的水平还很低。其分类是根据具体事物的表面属性，如颜色或形状、功能或情景等。如他们会把苹果、桃、梨归为一类，认为这些水果可以吃，吃起来水分多；把太阳、卷心菜归为一类，认为这些都是圆形的；把玉米、香蕉归为一类，认为这些都是黄色的。

对于幼儿的提问家长要给予正确恰当的回答，不可敷衍。幼儿的好奇心缺乏目的性，我们要将其引导到好的对象上去，如自然界的变化，动物的生长。

针对幼儿的具体形象思维，老师和家长应加强教育活动的直观性，促进幼儿持续发展。

7. 情绪情感

4岁儿童的情绪较之3岁儿童更稳定，他们的行为受情绪支配的比例在逐渐下降，开始学着控制自己的情绪。在商场，当

我的孩子4岁了

他们看到喜爱的玩具，已不像两三岁时那样吵着要买，而能听从成人的要求，并用语言安慰自己："家里已有许多玩具了，我不买了。"在幼儿园里，同伴间发生争执时，他们有时也能控制自己的情绪和行为。当然，他们并非对所有的事都能调节好，对特别感兴趣的事和物他们仍然受情绪支配，甚至还会出现情绪"失控"现象，不顺心时仍会大发脾气。

总之，4岁的孩子在认知活动方面，无论是观察、注意、记忆过程或是思维和想象过程，都有了一定程度的提升，父母要根据孩子的这一认知特点，对孩子进行引导和教育，帮助孩子更好地成长。

4岁孩子的语言发展特点有哪些

作为父母，当孩子到了4岁，也就是进入幼儿园中班以后，不知道你是否发现，孩子的语言能力似乎提高了，此时，他们已经能清晰地描述事物，能一边数数一边用语言表达出来，并且总是追着成人问"为什么"。的确，4岁是言语发展一个重要的里程碑，在这一年中儿童的言语发生了翻天覆地的变化。

一项研究表明，3~6岁孩子声母发音正确率为66%、97%、96%、97%，韵母发音正确率分别为66%、100%、99%、97%。

第02章
4岁孩子的语言能力——交流与创造能力突飞猛进

也就是说,在整个幼儿园时期,孩子的语言能力都是在不断提升和发展的。而4岁是一个关键期,4岁时,绝大部分孩子基本能发清普通话中的韵母,但声母的发音正确率相对较低,一部分孩子的错误较多集中在zh、ch、sh、z、c、s、l等辅音上。

在4岁时,孩子开始关注他人和自己的发音问题,你会发现,如果他们发现别人的发音不对,他们会站出来纠正,并且,他们会关注自己的发音问题,他们会有意识地重复练习自己的发音问题,对于容易出错的发音,他们可能会回避或者为自己的错误辩解。

4岁左右,孩子的词汇量会飞速发展,同时,他们也开始了解很多词汇的含义。比如,他们知道不仅自己是爸爸的儿子而且爸爸也是爷爷的儿子。随着孩子交往范围的扩大,4岁孩子能够独立地讲述事情,并且,在游戏中,如果遇到难题或者困惑,他们可能会自言自语。

4岁是语音口腔定型期,同方言不同的人接触,他们可能会学习到不同的方言,同样,对于有让孩子学习外语的父母,可以在此时让孩子接触这一外语。

因此,要提高孩子的语言表达能力,就要激发孩子的语言智力。成人在日常生活中要尽力规范自己的发音,注意自己的措辞,与孩子一起惟妙惟肖地描述周围的人事物。为孩子创造交往和活动的机会,让孩子充分地自由表达。

4岁的孩子在成人的教育和影响下,在不断的与实物接触的

过程中，逐步积累起了一定的经验。他们能准确地说出数词，并能理解数的实际意义，如知道3可以表示三张椅子、三个苹果等。而且他们数数的能力也有了较大的提高，数数时声音已能渐渐地减轻，甚至只是动动嘴唇地数数。只有到了6岁左右这个阶段，随着孩子数数能力的不断提高，他们才能做到只用眼睛看或只用耳朵听，嘴巴不出声音就能在心里数出物体的数量，即达到默数的水平。

因此，如果4岁的孩子，数数时不能做到在心里默数，家长完全没有必要担心，因为这完全符合他们的年龄特点，相信他们到了大班以后自然能够达到默数的水平。所以家长在指导孩子的时候，应多份耐心，根据孩子年龄发展特点来进行相应的能力培养。

另外，针对孩子在这一年龄段的语言发展特点，我们可以这样引导孩子发展自己的语言水平：

（1）多给孩子提供倾听和交谈的机会，当与孩子交谈时，要用孩子能听得懂的语言，并鼓励孩子能结合情境感受不同语气、语调所表达的不同意思。

（2）鼓励孩子与他人交谈，谈论自己感兴趣的话题，基本使用普通话，并能清楚地表达。当孩子因为急于表达而说不清楚的时候，提醒他不要着急，慢慢说；同时要耐心倾听，给予必要的补充，帮助他理清思路并清晰地说出来。

（3）帮助孩子养成良好的语言行为习惯；孩子表达意见

时，父母可蹲下来，眼睛平视孩子，耐心听他把话说完；鼓励孩子主动使用礼貌用语，不随意打断别人讲话等。

（4）倡导孩子反复看自己喜欢的图书，并鼓励孩子把听过的故事或看过的图书讲给别人听。当孩子遇到感兴趣的事物或问题时，和他一起查阅图书资料，让他感受图书的作用，体会通过阅读获取信息的乐趣。

（5）鼓励孩子依据画面线索讲述故事，鼓励孩子自主阅读，有意识地引导孩子欣赏或模仿文学作品的语言节奏和韵律。给孩子读书时，通过表情、动作和抑扬顿挫的声音传达书中的情绪情感，让孩子体会作品的感染力和表现力。

（6）鼓励孩子用图画和符号表达自己的愿望和想法，并提醒孩子写写画画时保持正确的姿势。

4岁就要注重训练孩子的口才

儿童教育专家认为，4岁的儿童已能清晰地谈话，他们的词汇开始丰富，喜欢与家人及同伴交谈，能够独立地讲故事或叙述日常生活中的各种事物。他们讲话有时会断断续续，因为儿童还不能记清事物现象和行为动作之间的联系。他们还会根据不同对象的理解水平调整自己的语言。如对小妹妹说"爸爸走了"，对妈妈说"爸爸去商店买吃的东西了"。有时他们也能

表述相当复杂的句子:"我还没来得及把蛋糕放在桌子上,小红就把它吃掉了。"

教育专家建议,对孩子的口才的培养是孩子早期教育的重要部分,要从4岁就开始进行,具体说来,父母应该做到:

1. 鼓励孩子在平时表达自己的想法和感受

正是由于孩子天生具有这种天赋,所以父母更应积极鼓励孩子说出自己的感受和体验、表达自己的观点。在这个时期,父母的鼓励,决定了孩子是否敢于发挥自己的语言天赋。

一个小女孩曾这样自豪地说:

有一次数学课,我用一种简单的方法做出了一道复杂的题目,但是老师并不承认我的做法。当我把这件事情告诉爸爸时,爸爸对我说:"女儿,你是对的!"后来,在我的成长中,经常会遇到类似的情况,但爸爸的那次鼓励给了我继续说下去的勇气。

2. 培养孩子的口才要趁早

我们经常听人们这样说:"如果在4岁前没有很好地教育孩子,那么以后再怎样教育都是无济于事的。""在4岁前教会他所应该学会的知识,否则,长大后他会比别的孩子落后的。"这些话虽然不一定正确,但4岁前对孩子教育的重要性却要比我们所意识到的大得多。

4岁之前是孩子大脑发育的关键时期,这一时期孩子的大脑发育最快,而一旦过了4岁,孩子的大脑发育要减速了。因此在这一时期父母除了要教会孩子如何表达、如何遵守家庭规矩等，还要让孩子保护自己的大脑，让他远离那些伤害大脑的信息和行为。

另外，在4岁之前，孩子的语言天赋已经很好地表现出来。因此，在这一时期，父母除了要教会孩子说话外，还要训练孩子的口才。方法有很多，比如，鼓励他朗诵诗歌；讲故事给他听，然后鼓励他复述等，这些都能在孩子语言天赋的基础上，极大地提高他的语言表达能力。

3. 把一些另类的孩子变成出色的外交家

有些孩子依赖性强，有些孩子是敏感的，有些孩子大大咧咧，有些孩子有点孤僻。的确，由于家庭教育的不同和孩子们的性格不同，很多孩子都表现出了自己的独特个性，父母们首先要做到的就是认同和接受他们的性格。在此基础上，父母才能有效引导他们发挥性格优势、避免性格劣势，从而培养他们的口才。

蒙蒙虽然是一个漂亮的小女孩，但她天生就有一种男孩的性格，她像男孩子那样喜欢爬上爬下，甚至一些小男孩都不敢玩的体育项目如单杠、双杠等，她都敢玩，而且玩得很出色；她有点看不起那些受了委屈、挨了批评就哭哭啼啼的小女生，相反，妈妈爸爸的批评、指责往往对她不起作用……对此，蒙蒙的父母很忧虑：这孩子怎么就没点女孩样呢？长大后怎么嫁人呀？

其实，蒙蒙父母有点杞人忧天了，虽然蒙蒙大大咧咧的性格有点像小男孩，但这种性格却有很多好处：女儿不像别的小孩子那样敏感、爱哭，做父母的要省心很多。而且最重要的一点是，这种大大咧咧的性格会使孩子拥有很多朋友。研究表明，不管是女孩还是男孩，他们都喜欢与那些不计较细节、性格有点大大咧咧的孩子交朋友，而且他们还摆出了几乎一致的理由：与这样的孩子一块玩不会累，而且可以玩得很开心。

以上只是一些较为粗略的建议，在生活中，父母可以抓住孩子的性格特点，鼓励他多交朋友，培养他的交际能力并训练他的口才，这对他以后的发展将会有很大的帮助，良好的口才是核心竞争力的重要部分！

4岁孩子为何有天马行空的想象力

作为父母，当孩子到了4岁以后，可能我们会感到好奇，为什么孩子经常会说一些让我们感到不明就里的话，比如，孩子会说自己是超人，或者说自己会飞。其实这是因为4岁是想象力极为丰富的年龄，这个年龄段的孩子常常根据自己的想象来编故事，幻想自己有某种特殊能力。

教育专家认为，对于孩子的想象力，我们不但不要限制，还要适当引导，并帮助孩子开发想象力，让想象力为孩子所用。

要知道，如果我们限制孩子的想象力，会不利于孩子今后的发展，因为在当今社会，常规思维已经被淘汰相反，敢想、敢做的孩子才能在人群中脱颖而出，才能创造性地完成自己的人生目标。

想象的重要性我们深信不疑，有人生活的地方，都离不开想象。爱因斯坦说："想象力比知识更重要，是知识进化的源泉。"黑格尔在《美学》一书中指出："最杰出的艺术本身就是想象。"毕加索也曾经说过："我花费了终生的时间去学习像孩子那样画画。"这说明孩子天生就具有想象力丰富的特点，这在他们的成长中有着重要地位。

1. 培养孩子的观察能力

父母要清楚地认识到，所有的想象都必须建立在现实的观察之上，没有一个人的想象力能离开他对现实世界的观察和联想。因此，父母要想培养孩子的想象力，首先就必须培养孩子的观察能力。其实，孩子本身就是细腻的，喜欢用眼睛去观察周围的世界，然后得出自己的结论。因此，父母应尽可能地引导孩子多多观察周围的事物，为孩子提供准确观察周围事物必需的材料。这样，孩子的想象力才有现实的基础，才会更精确，更有创造性。

2. 保护孩子自发性的想象行为

对于孩子这些自发的富有创造性的想象力行为，父母一定要小心呵护，绝不要阻止他们自发的这些活动。每当发现孩子们在进行这些活动的时候，我们需要做的就是等待——除了"观察和等待"之外，不需要提供任何不必要的帮助。除非孩子主动请求父母的援助。

3. 把孩子的想象变成现实

而不是让孩子空想，要为孩子的想象力奠定现实的基础。这一基础打得越牢，孩子的想象力就越会得到越大的发展。任何夸张或粗糙的空想都不能使孩子走上正轨。我们只有做好了

充分的准备，才能为孩子的想象力开掘出一条壮阔的通道，让孩子们的智慧之泉流淌。

有位母亲产生了这样的疑问："当我4岁的女儿在桌上不断地用手指比划着想象在练琴时，如果我们真的向她提供一架钢琴，这到底是件好事还是件坏事？假如我们这样做了，孩子的想象力就得不到应有的锻炼了……"

这个母亲的担心的确有一定道理，然而还是应该为孩子提供真正的钢琴。因为孩子的这一想象中的需求如果得不到满足，他的想象力一样受到限制，还会在这一点上停留过久。如果他拥有了梦寐以求的东西，还会得到及时的训练，提高自己的能力，甚至想象自己已经成了一名伟大的音乐大师。很多音乐家就是这样成长的。永远不要担心孩子的想象力会穷尽，因为一个想象的满足，会激发更新更高的想象。

而随着一天天长大，孩子就会对以前那些简单的想象失去了兴趣，他们的想象力就会转移到伟大的艺术作品的阅读和创造上来。这时，父母需要配合孩子想象力的成长，提供更具想象力的空间，来开发他们的创造性。毕竟，我们的孩子应该超过我们，从这个意义上来说，我们对孩子的想象力发展不应该做过多的限制。

想象力能活跃孩子的思维，诱发创造的情趣，有利于智力发展。然而，父母们一定要注意：创造性想象并不是一种虚无缥缈的空想。也许许多父母会认为自己的孩子喜欢在虚无

的、令人痴迷的世界里漫游，认为他们被一种世界上从不存在的东西给吸引住了，但这些虚无缥缈的东西并不能代表真正的想象力。要知道，真正的想象力都是有现实依据的，没有任何一种想象能够脱离现实而独立存在，一旦脱离就很容易变成空想。孩子每天沉浸在这样的空想状态，神情就会变得恍惚虚幻，长大以后比较容易与现实社会格格不入，很难在社会上正常生活。所以，孩子的想象力需要父母的引导，需要父母为其插上翅膀，这样，这种想象力就会变成孩子独特的智慧！

4岁孩子为什么开始说脏话

前面，我们提及，孩子到了4岁以后，语言能力得到发展，且这一时期他们精力旺盛，在与同伴交往的过程中，通常好的坏的都学，其中就包括脏话。孩子说脏话时，很多父母会暴跳如雷，认为必须严加惩治，结果打击了孩子的自信心，让孩子连交朋友都不敢了。其实，孩子通常是不会故意侮辱别人的，他可能并不明白这句话的确切意思和恶劣程度。最大的可能是，他只是无意中在某个地方听到了这个词，他对词义有一些感觉，所以现在想用一用而已。因为孩子对语言和词汇的感觉是慢慢形成的，因此他用词不当也是相当正常的。

的确，在我们的孩子开始牙牙学语时，我们都应该嘱咐孩子要文明礼貌，不能讲脏话，要知道，一个满嘴脏话的人，无论是在生活、工作还是学习中，都无法获得他人的尊重和友好协作，也不易获得友谊和自信，因此往往缺乏幸福感。要想使孩子成长为有所作为的人，父母就应教孩子从小懂礼貌、讲文明。

如果你的孩子有说脏话的习惯，你应该这样做：

不要只用"不许这样说"一句话就打发他了，而是应该帮助他找到正确的说法。你可以问她："你觉得大白痴是什么意思？"他可能会说："奶奶总是找不到东西……"你马上纠正他说："那就应该说'奶奶容易忘事'才对。"然后你可以继续说："现在，我们一起帮奶奶找眼镜，下次你有东西找不到的时候，大家也会帮助你的。"但是，如果你的孩子以后还在使用这个词，那么你就必须严肃地告诉他"这样说是不对的，大家很不喜欢"。

当孩子的脏话钻入耳中，请提醒自己：

（1）孩子其实并没有认识到脏话的意义，这只是他的一种语言经历。

（2）对孩子来说，他们不是用脏话来辱骂他人，而是他们发现了一种新信息。

（3）我们有必要告诉孩子一些语言规则，哪些话是能说的，哪些不能说，而不是简单的训斥或惩罚。

（4）多从孩子的角度看待他说脏话这一问题，而不要从成人的角度去看待脏话的含意。

（5）孩子说这句脏话的含义是什么，他想要表达什么意思，可以将脏话当作一个突破口了解你的孩子。

当然，如果你的孩子总是说脏话，那么，你要引起重视，最好从以下几个方面来引导他：

1. 分析脏话的内容，告诉孩子，说脏话是不对的

父母在听到自己的孩子说脏话时，不要显得惊慌失措，也不要气急败坏地责骂，更不能置之不理，要冷静，蹲下来，严肃而不凶悍，以和缓的语气和孩子说话。例如：

"孩子，你刚才说的那句话，用的词汇很不好，你知道我说的是哪个词汇吗？"

"这是大人说的，你是孩子，不能说这个词语，知道吗？"

"为什么不能说呢？因为你是孩子，你说了，别人会说你不懂说话，说你学习不好，看不起你！"

"你愿意让别人看不起吗？"

"那么，你应该怎么说？说给妈妈听。"

"对啦!这样说才是好孩子。"

家长最难做到的就是"不生气"。你生气，孩子就听不进你说的话了。而另外一些家长则喜欢和孩子说大道理，让孩子不耐烦，反而失去教育的功效。

2. 以身作则，杜绝孩子说脏话的来源

生活中大多数情况是这样的，大人有时也会语出不雅，但都习以为常，不会觉得有什么异常。而脏话从孩子嘴里说出来，就特别刺耳，要是他们在大庭广众冒出些脏话，父母更是想找个地洞钻下去。其实，家长也应该拒绝脏话，比如，在家里建立互相监督的制度，如果父母不小心在孩子面前说了不文明的词句时，一定要向孩子承认错误，以加深他不能说脏话的印象。

3. 教会孩子一些初步的礼仪知识

家长应该从小教导孩子学习一些礼仪知识，这也是文明行为，包括见面或分手时打招呼、握手，与人交谈时眼神、体态和表情要体现出对对方的尊重，久而久之，孩子就会认识到说脏话是一种不礼貌的行为，就会努力改正。

4. 孩子说脏话，千万别强化

孩子说脏话，多半是模仿、好玩，是为了显示他的某种本事。碰到这种情况，您千万别笑，更不要流露出惊奇的神色，有时严厉的训斥也是无济于事的，因为这些反而会强化他的行为。其实孩子并不一定知道脏话的含义，主要是为了得到父母对他的反应或注意。孩子从小伙伴那儿学了几句骂人的话，在家和学校中一边说，一边开心地大笑，这时，我们心里挺恼火，但也要强忍着不显示出任何兴趣。因为只有这样，他才会觉得索然无味。久而久之，那些不好听的字眼或脏话就会逐渐被忘

掉而消失。当然,父母也可以寻找比较恰当的时机,告诉孩子,说脏话很难听,只有坏人和不学好的人才讲脏话。在日常生活中,孩子有时能用自己的语言来赞赏或描述他喜欢的人和事,这时,我们一定及时鼓励表扬,让他感觉到美的语言是令人愉快的。

5. 训练孩子使用"幽默"的词汇来代替"脏话"以表达自己的情绪

例如:"×××,你说话像放屁,昨天说今天还我钱,怎么不还?"告诉孩子可以这么说:"你昨天说今天还我钱——昨天是四月一号吗?"如果对方知道四月一号是愚人节,立刻就明白说话者的意思了。

当然,孩子还小,"幽默"需要较高的语言水平,但也不妨试一试,让孩子有个努力的目标,就不会再去说脏话了。

6. 用积极的情绪感化孩子

许多父母常常会在工作繁忙时忽略了孩子,没有和孩子定时互动,这样,孩子以为父母亲不爱他,便会故意说脏话来引起注意,所以,要防止孩子养成说脏话的习惯,最有效的办法就是:每天至少给孩子半小时。这半小时父母可以与孩子说说笑话、玩玩小游戏、一同读故事书,或者谈谈天。总之,做什么都好,让孩子感受到亲子相处的愉快,就不会染上说脏话的坏习惯了。

总之,满嘴脏话是一种不良的行为习惯,是有失礼仪的表现，孩子不懂得尊重他人，在人际交往之中就会产生许多摩擦，也会失去许多朋友和机会，父母在关心孩子成绩的同时，决不可忽视这一点。

第 03 章
4 岁孩子的心智发展——各种能力全方位迅速提升

　　小孩子从 4 岁开始，无论是身体发展还是认知能力、思维能力，都有了全方面的提升，此时的孩子喜欢哼唱歌曲，喜欢涂鸦，喜欢做户外运动，且想象力丰富。作为父母，我们要掌握孩子此时的心智发展特点，找到教养孩子的最佳方法，引导孩子全方位提升各种能力。

4岁孩子适合做哪些运动

4岁时,当孩子到了幼儿园中班后,孩子的运动技能相对于3岁时得到了更好的发展。他们会继续增强这些技能,并且在此基础之上学习更复杂的技能,比如,他们开始学习弹跳和向前跳跃。同时他们会非常渴望展现自己的能力,比如,他们可以单脚站立保持平衡(保持5秒甚至更久),接球或者翻跟斗。学龄前的孩子也可能喜欢游泳、远足、跳舞、骑三轮车或带训练轮的自行车。

作为父母,我们要充分利用孩子想要活泼的天性,让孩子对自己的能力有信心,帮助他们建立起自尊心,同时坚持锻炼可以提升孩子的免疫能力,帮助孩子健康成长。

下面是几种适合4岁孩子的游戏和运动:

1. 用纸折飞机、折船

我们可以让孩子拿出一张正方形纸,然后教孩子完成这样一些折纸任务:

将正方形对折,折成三角形,再从一侧折向中间部分,会出现一个锐角,继续对折,锐角的角度会再次变小,两边同样折法得出锐角当飞机头,平展两翼可用力向前抛飞。

除了折飞机,我们还可以从一些书籍中找出折纸船和其他

物件的教程。

2. 跳起够物

我们可以拿出一个喜欢的玩具（注意坚硬的玩具可能会砸

伤孩子），然后将其吊在比孩子伸手还高5~6厘米的地方，让孩子去够，这样孩子跳跃就能碰到。此处，我们要注意避免放得太高，孩子如果一直拿不到，就会失去兴趣，然后渐渐固定于一定高度让孩子触到后晃动，使他看到自己的成果。

我们放置玩具的点最好慢慢加高，先练习5厘米，然后升到7厘米，再升到10、15厘米，循序渐进。

3. 接住抛向高处的球

其实，4岁的孩子很喜欢和父母一起玩球，如大人和孩子分别拿一个球，然后将球抛向高处，拍手然后将球接住。

刚开始，球抛得不高，还来不及拍手就要忙于接球，逐渐练习，在熟练后把球抛得较高，然后增加拍手的次数，大人和孩子一起玩，看看谁的球抛得高，谁拍手的次数多才接住球。

4. 用筷子快速夹黄豆入瓶

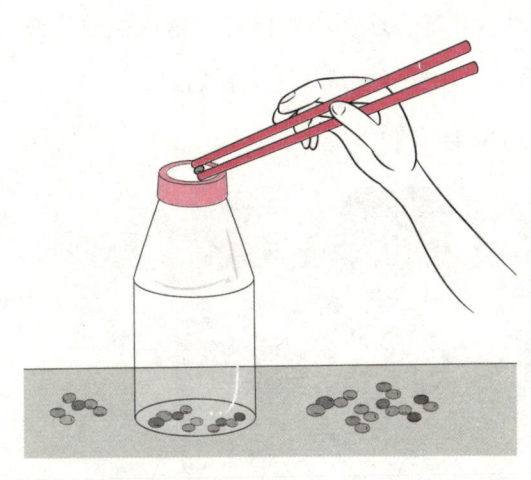

在孩子已经会使用筷子的基础上，给孩子十颗黄豆，或者花生米，让孩子将黄豆或花生米夹起来放进瓶子里，我们可以和孩子比赛，看谁用的时间更少。

5. 用积木搭楼梯

这是个搭积木的游戏，用1块积木便可以在楼梯旁搭建出二级楼梯，而在2块的旁边搭3块积木，就组成三级楼梯。

以此类推，再在三级的旁边摆上搭4块积木，就组成四级楼梯。一些孩子还能想出用5块积木放在四级楼梯旁边组成五级楼梯。

6. 用环投套玩具

将小玩具，比如小卡车、球、小布偶等，依次摆放，然后用内径12厘米的环（可用铁丝拧成）（人在划好的圈内）抛投，看看能投套住几个玩具。

7. 抢椅子

大人可以和孩子一起玩，也可以指导孩子和邻居孩子一起

玩。先拿出家里的几张椅子，搬出的椅子要比人数少一张，然后将这些椅子排成一排，当音乐响起来时，参加游戏的人要随着音乐的节奏拍手，然后围绕椅子走，当音乐停下来的时候，走着的人要停下来坐在椅子上，没有坐下来的人淘汰出局，每一局递减一张椅子，看谁能坚持到最后坐上唯一的椅子就算得胜。如果孩子不明白游戏规则，当坐不上椅子时可能会哭闹，此时，我们便可以为孩子再次阐述游戏规则。

8. 跳砖过河

这个游戏中，参与者要将地面当成河，把摆在地上的砖当成桥，每块砖之间的距离要有10余厘米，孩子需要踏着砖头往

前走，这里，孩子需要看着每块砖的位置，小心前进，当孩子开始做这个游戏时，可以将砖放成一条直线，在孩子能轻松驾驭这一游戏后，砖头可以放歪或放横，有些距离10厘米，有些距离20厘米，摆放不规则时游戏的难度加大，这会促使孩子克服困难而越过"河"。

在选择运动项目时，父母最好给孩子自主选择的权力。父母要让孩子自己做主，不包办不强迫，尤其不勉强孩子参与家长喜爱或选择的项目。

另外，我们要为孩子做个好榜样，自己也要热爱运动。

统计显示，在家长不爱运动的家庭中长大的孩子，也往往是个四体不勤的"懒虫"。

总的来说，对那些手脚还不太灵活、体能还远远不够充沛、运动水平也无疑很低的小不点，只要动起来便是好样的。最重要的是让家长帮助孩子一起发现生活中的乐趣，一同养成爱运动的习惯，并由此增加亲子之间的感情，从而受惠终生。

当然，我们选择运动类型时，也要注意这些运动可以锻炼孩子的运动技能和协调性，同时也不要超出他们的能力范围。

许多家长希望通过有组织的活动让学龄前的孩子活跃起来。但一般4岁的孩子并没有掌握这些运动的基础，比如投掷，抓握以及轮流活动等。即使简单的规则对于孩子来说可能也会很难理解，家长只要看到孩子玩游戏时跑错了路就会明白这个道理。

此外，太早开始参与体育活动可能会挫伤孩子的积极性，让他们以后失去参与体育活动的信心。所以家长如果想要把孩子送去参加足球队或是其他体育活动，那么一定要选择幼儿组，这种组会专注于基础训练。

无论孩子参与什么运动活动，一定要记住运动活动要有趣。如果孩子没有享受到活动的乐趣，要询问他们原因，并试着解决问题或者换一个活动玩。

4岁孩子已进入辨认颜色敏感期

杨太太的女儿小美今年4岁了，她最喜欢拿笔乱画。有一次，妈妈指着小美画在纸上的"东西"问她："这画的是什么呀？"

小美很得意地说："小汽车，妈妈你看，我的小汽车有翅膀。"

妈妈笑着说："你搞错了吧，小汽车怎么可能有翅膀？而且你画了5个轮子，汽车怎么可能有五个轮子呢？来，妈妈教你，小汽车应该这样画……"

小美听后，原来兴奋的表情立刻消失了，她扔了画笔跑回了自己的房间。从那以后，她再也不愿意画画了。

上述案例中杨太太的初衷是教孩子画画，但她的做法却扼杀了孩子在绘画敏感期对绘画的热衷，打消了孩子的积极性，

即使原本孩子有着这方面的天赋,也都很难再挖掘出来了。所以,教育专家建议,对于处于这一时期的孩子,家长切记不要对孩子的作品评头论足,更不要按照成人的思考模式去纠正他的画,我们要保护孩子的想象力,要知道孩子一旦被否定,就有可能会像案例中的孩子那样,自尊心受到打击,失去了绘画的兴趣。

那么,什么是孩子的色彩敏感期呢?

教育专家称,4岁是儿童对色彩的敏感期,儿童喜欢认识色彩,儿童对色彩的认识更多地体现在生活中,他选择玩具的颜色、选择衣服的颜色,等等。小学三年级后,儿童已经将色彩融入了自己的意识中,色彩开始被儿童使用并表现在绘画中。

科学家早就发现,孩子4岁就进入了涂鸦敏感期,在此阶段,儿童往往通过涂鸦和画各种画来表达自己的感情。这是孩子在表达能力不够完善时的一个补充,也是孩子充分发挥自己想象力和儿童独有创意的一种方式。在这个时候,家长该做的就是陪着孩子"玩"画画,而不应该限制他们的涂鸦欲望或者急功近利地让其接受专业的绘画训练。

那么,父母如何抓住孩子的色彩敏感期进行引导呢?

1. 让孩子自由创作

每个孩子都会经历涂鸦期,也许在家里的地板上、墙壁上、书本上、床单上,到处都是孩子的杰作,对此,爸爸妈妈不要盲目制止，也不要想去教孩子画画，孩子眼里的世界和大人不同，我们要在轻松的氛围下让孩子轻松度过涂鸦期，让其自然地爱上画画！

2. "听"出孩子画作背后的意义

日本育儿专家鸟居昭美在《走进孩子的涂鸦世界》中指出：在孩子还小的时候，他们喜欢用涂鸦的方式表达自己的想法，他们的作品与成人作品不一样，后者是用眼睛来欣赏的，而孩子的画则应该是被"听"的。倾听孩子画里的含义，他的画才有意义。所以，父母要学会用心去倾听孩子作画时的想法，以此来更多了解孩子的思维和内心世界。

有这样一个孩子，他在画纸上随便画着，画作结束后，妈妈看到的是漆黑一团的画纸，便好奇地问："宝贝，画上画的是什么？"他说："妈妈，我画了很多花，还有很多在旁边飞舞的蝴蝶，它在飞呀飞呀，最后飞累了天也黑了，就变成了漆黑一团。"

很多父母遇到这种情况，也许还没来得及好好听孩子说话，就给孩子当头一棒。这样做，孩子会觉得十分委屈和茫然，在他看来，他的画如此美丽，他也用了很多心去画，但却被父母说得一文不值，那他以后还怎么敢去大胆地想象？更严重的是，他怎么还会有画画的兴趣呢？

3. 顺其自然，不要急于让孩子进行专业训练

孩子的绘画敏感期到来，一些父母发现孩子喜欢画画，就

我的孩子4岁了

认为肯定是自己的孩子具有这方面的天赋，于是，赶紧给其报个班，最好能考个级，为将来升学增加点"份量"，或者想把孩子培养成这方面的天才等。

然而，不少教学专家指出，儿童学画画最好别在12岁前参加美术考级。儿童应该在12岁以后再开始学习素描、速写、造型、明暗这些传统美术基本功，过早学习没有意义。当你的孩子爱上画笔时，可能是一种天赋，但更多的也只是因为孩子处于这一敏感期而已。

孩子进入绘画敏感期，他们便喜欢到处涂涂画画，我们确实要抓住孩子的敏感期，但是不要让孩子太"认真"地去学画画，这种模式只会扼杀了宝宝对绘画的兴趣。在绘画敏感期，儿童学画画就应该玩着学，让其自由发展才能正确地引导孩子！

4岁音乐敏感期，如何开发孩子的音乐天赋

事例1：

牛牛今年4岁多了，他非常喜欢音乐，每当他听到电视里播音乐节目或者听到电视剧插播音乐的时候，他都会跟着节奏哼唱几句，但只要每次他开口，在一旁看电视的妈妈就会打断他："你还是别唱了，难听死了，跟鸭子一样，去，一边玩去，妈妈看会儿电视。"久而久之，牛牛心想，肯定是自己真

的唱得很难听，于是，再也不唱了。

事例2：

"一天晚上，我在厨房做晚饭，听到客厅传来并不是很好听的歌声，我走进客厅，看到我4岁的女儿在随着伴奏的音乐唱歌，我马上对她说：'宝贝，你唱得简直太棒了！'后来，我发现女儿有唱歌方面的天赋，但是我从来不要求她要每天唱歌，后来学习声乐也是她自己主动要求的，她一直对音乐很感兴趣。而现在，我的女儿大了，她已经出了自己的专辑，我是她忠实的歌迷。"

事例3：

小小是个4岁的女孩，每次当她听到音乐声响起的时候，她都会翩翩起舞，嘴里也唱起歌来。妈妈认为，自己的女儿一定是有音乐天赋，所以，一定要及早培养，于是就给她买了一架钢琴。妈妈刚买回钢琴的时候，小小很高兴，每天都会坐在钢琴前练习，但还不到一个月的功夫，小小就对弹琴失去了兴趣，任凭妈妈再怎么劝说，她都不想弹了，妈妈感到很恼火，这孩子怎么这样？这样将来怎么能成为音乐家？

很明显，我们能看出来这三位母亲谁的教育方法值得称赞。英国一位心理学家曾经说过：从孩子出生的那一刻起，他们就已经才华横溢了。也就是说，在我们出生的那一刻，我们是带着一些才华来到这个世界上的，这就是我们日后学习的愿望和学习的能力。当孩子发现不同的乐器发出的声音会创造出

一种叫"音乐"的东西时，他们便进入了音乐的敏感期。

儿童教育学家认为，孩子到了4岁以后，感知音乐的能力得到提升，此时，他们更需要音乐。在这种情况下，妈妈如果顺应了孩子的意愿，及时地让他接触音乐，那么，他的音乐天赋就有可能被开发出来，而再进一步，如果妈妈引导得当，那么，孩子也许真的能成为音乐方面的人才。但如果家长视若无睹或者急功近利，都有可能打消孩子的积极性，扼杀孩子的天赋。

所以，在这一敏感期中，我们家长只有悉心呵护，谨慎对待，才不会让孩子学习音乐的积极性受到影响，才不会使他的音乐天赋迅速消失。

1. 为孩子营造一个好的音乐环境，但不强迫他学习某种乐器

每个孩子都具有音乐天赋，当他还处于婴儿时期的时候，一听到音乐他的身体就会很自然地产生一种反应。而在4岁左右的时候，孩子的这种反应就会变得很强烈，这时候他就进入了音乐敏感期。在这个阶段，如果妈妈能满足孩子内心对音乐的需求，那么他的音乐天赋往往就能最大程度地开发出来。

2. 尽量给孩子提供一个良好的音乐环境

首先，家长要选择合适的音乐，要为孩子播放一些经典音乐，培养孩子的乐感，而不要放流行歌曲，以免孩子被某些歌曲中的不良因素所影响。其次，如果有条件，父母可以为孩子购买一些音乐设备，尽可能多地让他去接触不同的乐器，来更

大程度地调动他对音乐的兴趣。最后，妈妈可以和孩子一起欣赏音乐。

有位妈妈这样述说自己在培养女儿音乐天赋上的成就感：

"我的女儿是有音乐天赋的。在幼儿园的时候老师称赞她，说她唱歌的音调、节奏都不错。回到家，女儿会自己打开音响，播放贝多芬和朗朗的钢琴曲。我不会去管教她，让她去学音乐，但我会支持她。所以从老家搬出来以后，两个月前我特地买了一套音响设备和贝多芬的全套钢琴曲，还有朗朗的钢

琴曲。先是到用餐时我放朗朗的曲子,很快她就喜欢上并习惯听了。还说朗朗是她的最爱!不久我换了贝多芬的曲子,她也慢慢习惯听了,到现在,她会主动在用餐时间放曲子。"

3. 不要用成人的眼光去评价和打击孩子

孩子虽然处于音乐敏感期,喜欢哼唱,但对音乐还没有系统的学习,甚至还吐字不清,但这些都是他在表现自己的音乐天赋,他乐在其中。妈妈不要用成人的眼光去评价孩子的歌声,更不要去打击他。

就如事例一中的妈妈一样,妈妈也许是无心的嘲笑,却会给孩子今后的人生留下阴影。所以,不论孩子的歌声是怎样的,妈妈都应该给予他鼓励,支持他,让他尽情发挥音乐天分,只有这样才能帮助孩子顺利度过这一敏感期。

4. 不要强迫孩子去学习音乐

在音乐敏感期,孩子对音乐感兴趣,喜欢音乐,这只是一种阶段而已,不是所有孩子在这一方面都有天赋,即使是要孩子去学习音乐,也要征询他的意见,要照顾到他的兴趣。强迫孩子学习音乐,反而会让他失去学习音乐的兴趣。

在这一个敏感期内,孩子都会喜欢音乐。但喜欢音乐的孩子也不一定非要成为音乐家,我们也决不能抱着"将孩子培养成音乐家"的心态去要求他认真学习音乐,否则,他同样会失去学习的乐趣。而且在家长给予的压力之下,孩子也是无论如何都不能学好音乐的。

带领孩子享受音乐的美

作为父母，我们发现，在孩子很小的时候，就很喜欢听摇篮曲，经常听着听着就睡着了；他们也喜欢唱歌，即使不懂怎么唱，还是咿咿呀呀地哼唱；到了幼儿园中班后，随着对音乐的基础学习，他们更能掌握基本的韵律，而此时，正是培养孩子音乐素养的最佳时期。然而，不得不说的是，现实生活中，不少父母认为把孩子培养成"精英"才是最终目标。在孩子还小的时候，他们就替孩子设计了一条完美的成才路线，我们不能否认这样的教育方式，但真正优秀的人才都是在"快乐学习，快乐生活；内心有爱，灵魂有喜"的期待下成长的。

一个孩子在音乐厅这样的"场"待久了，慢慢地就不喜欢在饭桌上消磨时光、听那些不咸不淡的话语。当然，饭局也有功效，但多为感情勾兑而设，与利益关联。而音乐、书籍有安抚人心的作用，与灵魂相随。

我们先来看下面故事中的父亲与孩子的第一次音乐厅之行：

我平时工作很忙，公司的事我都要亲力亲为，但我尽量抽时间和孩子待在一起。前段时间带孩子逛图书城，回来时在出口取了份文化艺术中心的活动简介，回家后上网搜了搜，发现有场小提琴演唱会，感觉不错，适合带孩子去听听，因忙于工作暂且搁置此事。近日又在网络上看到这场音乐会售票活动，想到孩子对音乐还比较感兴趣，也想让她多接触下、熏陶一

下。其实，我曾经就是个小提琴手，只是后来各种原因让我逐渐搁浅了这项爱好。毫不迟疑地，我订了两张票。

晚上去听音乐会前，当天下午我找了些晚会经典的曲目放给她，让她仔细地听，想想音乐里描述了哪些曲目主题场景，以便略知一二，不会在真的听音乐会时不知所云。另外，在音乐会开场前，我们提前十分钟就到了，这样，一来不会误时，二来让孩子适应周围环境。

晚上的音乐会孩子都能很认真听，仔细看。时不时用小手打着节拍，比划着小提琴手拉琴的动作，这已经让我感到欣慰了。

欣赏音乐，到现场音乐会和在家听是不一样的，音乐会是视觉与听觉的综合作用，能潜移默化地培养孩子的气质和全面素质。如以后有合适的演出，我还想带她来，不指望学成什么样，只是让她感受良好的艺术氛围，这样的艺术熏陶真的会给人美的感受。

故事中，这位父亲就是个懂得培养孩子音乐素养的人，的确，听音乐会只是为了熏陶孩子的艺术气息、扩大孩子的视野、丰富孩子的阅历。

对于带孩子去感受音乐，作为父母，我们需要做到的事有：

1. 带孩子感受音乐要尽早

孩子在4岁的时候，其实已经开始能感受到音乐作品中的思想内容，能听出其中的基调，是快乐还是悲伤，是高亢还是低沉。他们能感知其细微之处，也能明确表示自己喜欢或不喜欢的音乐作品。因此，父母都要趁早"行动"，我们可以带孩子感受音乐作品，这样，不但可以开发孩子的音乐潜能，还能培养他的艺术气息。不少音乐厅两岁以上的幼儿都可以入场，用意明显，就是"从娃娃抓起""早播种"。音乐除了怡情、养性，还益智。

2. 父母应把幼儿音乐培养、激发儿童的音乐兴趣放在首位

学音乐的根本目的是更好地促进儿童的发展，是融音乐教育于生活、游戏之中，而绝不是音乐知识和技能的反复操练和巩固。因此，当你发现你的孩子正在聆听一段动人的音乐或者自然界的一些声音时，不要打断她，让他静静地听。当你发现孩子真的在音乐上有天赋时，不要因为家里经济条件不好，舍不得为他买心爱的乐器，要知道，你的一次吝啬可能会让孩子的前程变得暗淡，甚至影响到他独特气质的形成。

音乐和美术、文学、舞蹈、阅读等一样，都应该成为当代儿童文化素养培养的一个重要部分。具备良好的文化艺术素养，能使孩子从小学会欣赏美、有生活情调，从而形成高雅的气质和情商。

当你的孩子问你如何看待他练习的一段音乐时，不要把这个问题给他踢回去。从根本上说，你的肯定和鼓励能使他相信自己，使他有继续努力的动力。

当你的孩子不是很喜欢音乐时，为了培养孩子的气质，你需要进入孩子的世界，和他一起沉浸到音乐的氛围中，因为父

母是孩子的第一任老师，孩子的很多兴趣爱好是培养出来的，一旦这成为习惯，孩子就很容易客观平静地看待自己，从而形成一种恰似音乐般的性格和气质。

总之，音乐是心灵中最为积极的元素，它会使内心的杂乱无章与其一起共振，如同舞蹈一般在人的灵魂中欢快地跳跃，经常感受音乐力量的孩子总能保持心灵的宁静，多一份圣洁与执着。身为父母的我们，有必要经常带孩子感受洗涤心灵的美妙音乐！

4岁是孩子绘画能力快速提高的年纪

现代社会是个多元文化交错、流行趋势不断变更的社会，对于成长中的孩子来说，他们也会不断接受这些外在的信息，父母要对孩子进行正确的审美教育，就要培养孩子的绘画才能，这样，在孩子未来的成长路上，无论周围的世界怎么变幻，他只要有画笔在手，就不会感到寂寞。他们只会因为审美、绘画技巧的提高而欣喜若狂……

而孩子到了4岁左右，就到了绘画的象征期。此时孩子由于涂鸦的练习，已经能用手腕和手指画画。随着心理能力的发展，他们已经能够进行有目的、有意识的绘画活动。

从造型上来看，孩子常常用所画的图像来表达自己的意图，但这些图像与事物实体并没有直接的关系，而仅是简单的几何图形和线条的组合，是一种实物的替代物；常常只具备物体的最基本部分，多半是粗略的、不完全的，往往会遗漏部分特征，没有整体感，结构有时不合理。

所以，当部分脱离整体时，人们就无法辨认，部分就失去了它的意义。其典型表现就是孩子笔下的"蝌蚪人"，即孩子用一个大圆圈代表人的头部，在大圆圈内画上两个黑点或小圆圈代表眼睛，再在大圆圈下面画上单线条表示手脚，这就是孩子眼里的人。它是3~4岁孩子绘画中常出现的人物造型，且是跨文化、跨地区的孩子的共同造型，反映了孩子在此阶段对人的概念。从色彩上来看，这时孩子的辨色能力大大提高。这个阶段孩子对颜色开始有自己的喜好，通常表现为喜欢纯度高的、鲜艳明快的原色，并用这些他们喜欢的颜色来描绘自己喜爱的物体，而把他们认为不好看的颜色涂在自己不喜欢的物体上或认为无足轻重的东西上。他们已开始试图用色彩来表现自己的情感。这阶段孩子画面上颜色的种类通常达到3种以上。他们喜欢在每种东西上都涂上颜色，并开始注意按物体的固有色选择相应的颜色涂染，如树叶是绿的，树干是棕色的，但他们不太注意整个画面色彩的和谐美。在涂色方面，这一阶段初期的涂色显得杂乱无章，既无顺序，也不均匀。有的地方过于浓密，有的地方又过于稀疏，留下许多空白，有时还涂出轮廓线。逐渐地，他们能用方向一致的线条均匀地涂色。

从空间构图上来看，这时孩子在画面上所画形象较多，他们似乎是用一种很随机、很偶然的方式，把物体安排在纸上的。他们会把每个物体或每个人都画成单独的形象，而不太注意物体间的大小比例，但他们已经开始试图表现物体的空间关系了。4岁的孩子还处在前轴阶段，他们只能画出一个物体的空间，但是不能参照一条轴线表现一系列物体的相对高度。他们把每个形象像商品目录单一样罗列在画面上。这些物体都一律地竖立着，有时看上去还有点飘忽不定之感，形象与形象之间各自独立，基本上没有联系，但能看出所要表达的主题。若问他们画面的内容，则回答说："这是我，那是我的家，那是树，那是车。"而不会说："我站在家门口，车正沿着街道开动，街道两旁种着树。"有时，孩子也会在画面上画上一些自己喜欢的，但与主题无关的形象。例如，女孩经常画上花、草、小鸟、太阳等，男孩经常画上汽车、机器人、卡通形象等。

那么，父母该怎样挖掘并培养孩子的绘画天赋呢？

1. 培养孩子的观察力和对色彩的感知力

没有好的观察力，是画不出好的作品的，试想一下，如果孩子都看不到美的东西或在绘画中需要表现的细节，他怎么能画出来呢？

多带孩子到大自然当中去，引导孩子对大自然进行细心的观察，培养他对事物的语言描绘能力、绘画描绘能力和色彩感知能力，激发他心中的创作灵感。

2. 培养孩子的想象力

不得不说，不少绘画老师只教给孩子绘画的技巧，而没有鼓励他们想象，这就扼杀了孩子的创造力。

事实上，调查发现，孩子从3~4岁开始就已经有了丰富的想象力，比如，他们会想象自己的布偶朋友生病了，给他们打针、喂水；想象自己成为动物王国的公主，在森林里玩耍等。

这一切都反映了孩子无处不在的想象力。父母一定要开发和挖掘孩子内在的想象潜能，把这种想象潜能转化为一种智慧和能力。

当然，即便培养孩子的绘画才能，父母也应该摆正心态：

（1）孩子幼年学画画并不是为了以后当画家，而应该以培

养绘画兴趣以及审美能力为目标，只有这样孩子才会获得一种可持续的发展。

如果你的孩子对绘画有兴趣，他就会在绘画操作活动和绘画欣赏活动中投入较多的精力，并在这些活动中获得身心的愉悦，久而久之，孩子就会有较高的艺术修养，在生活中养成寻找美、感受美、表现美和创造美的行为，使自己的生活丰富多彩。

（2）就算孩子真的有绘画天赋，以后也不能保证就会成为画家。

从发现孩子的天赋到成才，需要一个很长的过程。正如卓别林所说："无论天赋有多高，他仍须学习来发挥。"所以只要孩子在绘画活动中有所收获，有所进步，家长的投资就有所值，就有回报。

另外，我们不要当着孩子的面问这一类问题，这样会给他的心理造成相当大的压力，他们会对自己产生怀疑，自己的信心会受到打击，从而丧失学画的兴趣和自信心。

4岁的孩子最爱阅读什么样的书籍

作为父母，我们都知道，书籍是人类进步的阶梯，是智慧的源泉。让孩子多读书，不仅能开阔孩子的眼界，还能让孩子的修养和品位提升一个层次。但实际上出于很多原因，孩子在很小的时候对书籍的好奇以及兴趣经常被以父母为中心的家庭教育扼杀了。有些家长认为"孩子应该把精力放在学习上，阅读太多影响学习"，而他们忽略了孩子情商的培养也同样重要。读书使人明智，孩子的气质很大一部分是从书中获得的。

教育专家认为，4岁是孩子的阅读敏感期，孩子在这一时期可以开始接触符号。我们的方法是给孩子一些文字卡片，让孩子把动作和看到的文字配合起来去学习文字。在这个阶段，孩子只能宏观地认识文字，他们只能认识到整体的形象，还不能够分解字的笔画，也达不到书写的水平。孩子也会对自己熟悉的某些文字感兴趣，比如他们会发现自己名字里的字在别的地方出现。因此，我们可以抓住这一时机带领孩子多阅读，帮助孩子挑选到最适合他们和他们最喜欢的读物。

"我知道读书对于孩子同样很重要，因此努力培养女儿爱上阅读是我一直在追求的目标。小家伙四岁半时开始，我就坚持每周末带她去书城读书，那时候她还不认识字，每次都是我不厌其烦地给她朗读。之所以选择去书城，是想让她感受读书的气氛。晚上睡觉前我总要给她讲20分钟左右的故事，女儿很喜欢听，经常被逗得哈哈大笑。学前班女儿学了3千字"四字童铭"，这真是件大好事，从这以后她就能独立阅读图书了。每晚的讲故事一直没断。现在，女儿在同龄孩子中显得更睿智一些。"

这位妈妈的做法是明智的，孩子在智商上并没有太大的差

别,但有些孩子却能鹤立鸡群,受人赞赏,这就是由于气质上的与众不同。从小通过读书培养孩子的气质,能让孩子成长得更加自信、健康。

那么,怎样才能使孩子爱上阅读呢?又怎样指导孩子阅读呢?当然,这重在引导,为此,父母可以这样做:

1. 去伪存精,为孩子挑选健康、积极、有益于孩子身心发展的书刊

我们不得不承认,现在市场上并不是什么书都是适合孩子阅读的。如果一本书不值得去阅读,就不要过于强调孩子阅读的数量,甚至可以不让孩子去阅读。不加挑选地阅读只会让孩子装了一肚子的书,却解决不了生活中的一个小问题。所以,父母应引导孩子让他们熟悉并喜欢最优秀的文学作品,不要浪费时间阅读垃圾文字。

4岁孩子适合阅读有故事内容的彩绘故事。父母应选择图画内容丰富,故事略有曲折变化,文字不太多的故事书。最好采用亲子共读的方式,由共读到自读有个发展过程,如果一开始就让他自读,他觉得生字太多,读不下去,就会失去主动阅读的兴趣。

2. 注意培养孩子的阅读方法

当孩子年纪还小、无法识别很多文字的时候,要教孩子带着感情阅读,这样有利于培养孩子的表达能力以及想象力。父母可以选择大号字体印刷的书籍,或者指着文字大声朗读来帮

助孩子们阅读。母亲在读书的时候孩子会跟着她进入书中的情节，很快孩子就会认识很多生字，并独自阅读。

3. 和孩子进行亲子阅读时，不要忽视身体语言的作用

模仿是这一时期孩子学习的主要方式之一，父母可以将书中的内容用丰富的肢体语言表演给孩子看，这能激发他的想象力，让孩子更好地理解书中的内容。睡前是最佳阅读时机，幼儿的浅睡眠时期最容易进行无意识的记忆，因此睡前的时间一定要把握。

4.将书本上的知识与生活认知结合起来

在和孩子一起读过海洋动物书后，父母就可以带他去海洋馆看看海豚、海豹到底是什么样子；看过植物书后，家长则可和孩子一起去野外认识各种可爱的植物。这样就可以使阅读变得很有趣，孩子的读书兴趣就会逐渐建立起来。

其实，让孩子爱上阅读并不是什么难事，关键是家长要知道想让孩子读哪类书，还要对孩子进行有目的的引导，只有这样孩子才能够按照家长的期待爱上读书。书中自有知识的海洋，当你的孩子爱上阅读以后，他对于自我气质的培养也自然有一个全面的认知和理解，气质也就能由内而外散发出来！

第04章

4岁孩子情绪敏感期——帮助孩子做情绪的主人

为人父母,我们都希望孩子是快乐的,希望孩子有个快乐的童年,但孩子在成长过程中,也有着各种各样的烦恼,他们也不完全是无忧无虑的。儿童心理学专家认为,4岁是孩子情绪的敏感期,也是孩子情绪形成与发展的关键时期,作为家长,我们有必要引导孩子认识和表达自己的情绪,并学会管理情绪,成为情绪的主人。

了解4岁孩子的情绪特点

前面,我们提及,孩子到了4岁,心智得到了全面发展,但孩子毕竟是孩子,在某些方面还不成熟,尤其是情绪管控能力。相对于婴幼儿时期的孩子来说,4岁孩子的社会情感迅速发展,道德感、理智感和审美感都逐渐发展起来了。并且,4岁孩子调节情绪的认知策略开始出现,并随着年龄的增长逐渐加强。他们开始掩饰自己的情绪,掌握了一些简单的情绪表达规则,知道表现出适当的情绪可以得到成人相应的反应。他们还会使用富于表达性的身体动作来辨别情绪,对情绪的外部原因和结果的理解进一步提高,知道发生的某个事件让大人或同伴高兴了或是不高兴了。

此时,孩子社会情感的发展还没有完善,因此他们对情绪的控制能力不强,生活中常常会出现一会儿哭一会儿笑的场面。随着年龄的增长,孩子对情绪的控制能力才会有所增强。

1. 易感染

此时的孩子的情绪具有情境性,会因为周围环境、事物的变化而产生兴趣的变化,比如,买了新玩具、妈妈离去、新朋友出现……都会使他们的情绪大起大落,孩子的情绪随着情境的改变而改变。很多时候情绪不是由孩子自身发出来的,而是因周围人的情绪波动而引起的。

在幼儿园中往往会出现这样的情况：一个小朋友哭起来了，其他小朋友也莫名其妙地跟着哭起来，整个场面会变得混乱极了。随着年龄的增长，孩子的道德感、审美感和调控情绪策略逐渐发展，孩子控制情绪的能力慢慢加强，易冲动、易外露、易感染这些特征就会逐渐减少，情绪的控制力、稳定性也会随之提高。

2. 易冲动

4岁左右的孩子的内抑制发展差，控制力弱，言语的调节功能不完善，因此当外界事物和情境刺激他们时，情绪就会出现爆发性，常从一端迅速发展到情绪的另一端。因此这个阶段的儿童的情绪易波动，极不稳定。所以，这个时期孩子的脸就像春天的天气那样多变，说哭就哭，说笑就笑。

3. 易外露

这个时期的孩子通常会将情绪变化毫不隐藏地表现出来，而且擅长用自己的身体语言来表达。如不高兴就哭，高兴、舒服就大笑或者是手舞足蹈，愤怒就瞪眼跺脚，有高兴的事就要向亲近的人诉说。

4. 道德感

4岁以后，儿童产生了简单的道德感。在儿童与成人的交往中，初步接触到社会人群对人和事物的好坏、美丑的体验和评价。孩子的道德感就是在各种实践活动中，在成人的评价和语言强化下发展起来的。儿童了解了游戏规则，遵守游戏规则，成人夸奖了他，他得到了肯定，体验到满意愉快的体验，又在成人的语言的指导下得到强化。他们逐渐知道哪个行为会引起满意的体验，哪些行为会引起不满意的和不愉快的体验。他们开始按照社会行为标准认识好坏、美丑，道德感发展了起来。

这个时候爸爸妈妈不妨多教给孩子一些基本的社会准则，同时要用夸奖来巩固孩子的利他行为。如孩子会主动地擦桌子，给奶奶洗苹果，爸爸妈妈要给他多多的鼓励和夸奖，让孩子体会到自豪感，为自己而骄傲。

5. 审美感

这个阶段的孩子在家长、成人对事物的态度、自身的体验的直接影响下，也开始能直接感触到自己周围的事物，开始逐步产生了自己的审美，比如自然美景、穿着、音乐等。

比如，孩子能从生活中分辨美丑，知道什么图画美，什么音乐好听，什么语言美，什么行为美。这样就产生了对美的事物的舒服而愉悦的情绪体验。

这时候，作为父母的我们，可以鼓励孩子多用自己的眼睛去看，去观察周围美好的事物，也可以带他们走出家门去欣赏美丽的事物，这样，孩子对事物的感觉会更加敏锐，艺术修养也会有较大的提高。

此时的孩子已经有了一定的情绪调节能力，也开始使用一定的策略来掩饰自己的情绪，掌握了简单的表现规则。

比如在做错事时，为了逃避惩罚，掩饰自己的负罪感，掩饰自己的真实情绪，孩子会学会撒谎，但是他们的策略是简单的，很容易被成人发现。成人这时也不必发怒，要先检查自己的禁令是否合理，和孩子讲清楚道理，同时要记住，原先如果申明要惩罚的，就一定要执行。

此时的爸爸妈妈，更要细微观察孩子的情绪变化，鼓励孩子说出心里真正的想法，然后告诉孩子正确的情绪应对方法，这样孩子的应对策略才会更加有效。

细心观察，留意孩子的喜怒哀乐

我们都知道，任何人都是有情绪的，包括喜、怒、哀、乐、恐惧、沮丧等，因为人是情绪的动物，人的情绪也是与生俱来的。孩子逐渐长大，也开始有了多变的情绪，尤其是到了4岁以后，孩子进入情绪敏感期，无论是高兴的还是不高兴的事都挂在脸上，有时候还会哭泣和发脾气，我们要学会留意孩子情绪的变化并及时予以疏导，不然，他们的情绪就会像一匹脱缰的野马四处乱撞。可能刚刚那个那么活泼开朗的孩子一下子就变得闷闷不乐、喜怒无常、神神秘秘了。

这天，上幼儿园中班的多多放学回家，进门就嚷："妈，从明天开始，我不去学校了！"

如果平时孩子的爸爸在家，一定要严厉地训斥他。但妈妈却是个温和的人，她知道儿子肯定是受了什么委屈。

"为什么不去呢？"

"没什么，感觉不大舒服。"

"不舒服，哪里不舒服？怎么不早点请假回来呢？"

"不想耽误学习啊，你别问了，反正我不去。"其实，妈妈是聪明的，儿子说话这么有力气，怎么会身体不舒服，一定另有隐情。

"可是，今天不舒服，明天不一定不舒服啊，要不，妈妈带你去医院吧。"妈妈在说这话的时候，故意露出一点笑容，儿子明白，妈妈看出端倪了，于是，他只好说："妈，我是不是很没用啊？"

"怎么这么说，我儿子一直是最棒的，有最棒的体格，最棒的学习接受能力，待人温和，还疼妈妈。"

听到妈妈这么说，儿子笑了，主动招出了今天遇到的事："妈妈，今天老师叫我认一个字，但我读错了，老师就嘲笑了我一番，结果同学们都笑我，真没面子！"

此时，妈妈没有说话，只是搂着伤心的儿子。儿子沉默了几分钟，从妈妈怀中站了起来，平静地说："谢谢你听我说这些事，我要去公园了，同学们还等着我呢。"

从这个故事中，我们看到一对母子间的和谐关系。可见，亲子关系和谐的家庭，父母一定是懂得随时关注孩子的情绪的，当孩子出现了烦恼时，他们总是能成为孩子的知心朋友。

那么，作为父母，当你们对孩子的情绪予以理解以后，又该怎样帮助孩子顺利梳理好情绪呢？

的确，作为父母，你是否发现，当孩子呱呱坠地时，我们会特别留意他，会留意孩子的声调、面部表情、动作、姿势等，会用自己的行动表达对孩子的爱，可当孩子逐渐长大、成为儿童后，做父母的，反倒把这种表达爱的方式搁浅了。这种

细微的变化，很多父母都没有注意到，而孩子却因此离我们越来越远。大多数情况是，孩子的各种情绪开始日益明显，很多家长抱怨孩子不好管，但事实上，没有教不好的孩子，只有不好的教育方法。只要方法妥当，任何孩子都是优秀的；只要用心，总能找到合适的教育方法，而孩子更需要的是家长的爱和关心。

因此，父母要体贴和帮助孩子，要对孩子身心发展的状况予以留意，对他们某些特有的行为举止要予以理解并认真对待。父母只有认识到孩子在儿童时期的情绪管理至关重要，继而理解孩子，才能和孩子做朋友。

家长要做到：

1. 理解、信任你的孩子，查找孩子消极情绪产生的原因

可怜天下父母心，每个父母都是爱孩子的，但教育的结果却完全不同。为什么有的家长能跟孩子和谐相处，情同知己，有的却水火不容、形同陌路。这就是教育方法的不同所带来的结果。父母首先要了解孩子，关注孩子的成长过程。父母要了解孩子烦恼产生的来源，只要这样，才能对症下药，帮助孩子解决烦恼。

2. 适当"讨好"一下你的孩子，缩短彼此间的心理距离

当然，这里的"讨好"并不具备任何功利的目的，而是为了加强亲子关系。父母应该偶尔赞扬一下你的孩子，或者带孩子出去散散心等，让孩子感受到家庭的温暖。彼此间的心理距

离就拉近了，那么，孩子自然愿意向你倾诉了。

3. 不要总是压制孩子表达自己的想法

任何父母都希望孩子把自己当朋友，对自己倾吐成长中的烦恼与快乐。然而，孩子越大越难与他们沟通是很多父母共同的感受。这是由什么造成的呢？其实，孩子也想对父母说实话，只是很多父母总是端着家长的架子，甚至压制孩子的想法，孩子又怎么愿意与你沟通呢？因此，聪明的父母都会引导孩子发表自己的意见，让孩子畅所欲言。

4. 尊重孩子，平等交流

家长要学会跟孩子聊天，不要认为孩子的世界很幼稚，对孩子的话题不感兴趣，不论孩子说什么，最好表现出很感兴趣，这样孩子才有跟你交谈的欲望。

望子成龙、望女成凤的家长们，在日常生活中，如果你发现你的孩子满脸愁容，那么你就要考虑下自己的孩子是否在为某件事烦心，此时，你要从理解孩子，尊重孩子的角度，做孩子的朋友，或许他会对你敞开心扉！

孩子总是"说个不停"，是有倾诉的愿望

杨太太的儿子叫小宝，今年四岁半了，杨太太发现，从今年开始，小宝好像突然很喜欢说话了，并且，他的问题有很多。

杨太太还记得，小宝在一岁多的时候，好像就会创造性地使用语言了："出玩玩"(出去玩儿)、"不水"(不喝水)、"不狗"(不看狗)、"不孩"(不和小孩玩)……小宝所说的都是一些简单的词语。

两三岁的时候，一次，奶奶带小宝去小区公园玩，有两个大一点的哥哥在玩皮球，小宝在旁边看，他突然说："哥哥破"。原来是其中一个小男孩的膝盖不知道在哪里弄伤了。

而到了小宝四岁时，他的话突然一下子多了不少，爷爷抱着他，看到门上贴的福字，小宝就好奇地指着，意思是想知道这是什么字，爷爷告诉他那是"福"，小宝便马上拽起自己的衣服，他把"福"当成衣服的"服"了。爷爷纠正说是"幸福"的"福"。

一次，小宝对杨太太说："妈妈，等春暖花开的时候，我们就可以出来玩了，"杨太太很吃惊，小宝怎么知道春暖花开这个词语，于是，她问小宝他："你知道什么叫春暖花开吗？"小宝回答："就是天气暖和的时候，因为妈妈说春暖花开的时候，我就可以吃冰激凌了。"这就是孩子语言的发展。

的确，孩子从出生开始，他们的语言发展是有一个过程的，而到了四岁左右，我们发现，孩子总是说个不停，一会儿问这个，一会儿问那个，其实，这是因为他们进入了语言敏感期，且有表达的愿望。

另外，他们开始对句子表达的意思感兴趣，表现在重复或模仿他人的话。这时，他们总是把大人说的话一遍又一遍地使用在恰当的语境中。这个时期的孩子词汇量增加，口语和书面语言迅速发展。一旦孩子口语变得丰富，就会进入学习书面语言的关键期。

教育专家称，儿童的语言敏感期具有暂时性，一旦错过就将不再回来。在这一时期，如果家长能让孩子处在良好的语言环境之中，孩子便可以轻松自如地掌握某种语言。但如果错过了这一时期，它将不再回来。

4岁左右是孩子语言发展的里程碑，当孩子的口头语言能力发展到一定水平，他就不再满足于单纯的口语了。孩子常常会指着某一标志问："这是什么字？"这些行为都是孩子渴望识字的萌芽，这时，您要抓住这一语言发展敏感期，把文字语言工具交给孩子。在小宝的成长历程中，成人知道小宝语言敏感期的表现并适时引导，可有效提升小宝的语言表达能力。具体来说，我们可以做到：

1. 鼓励孩子在平时表达自己的想法和感受

正是因为孩子处于语言敏感期，所以父母更应积极鼓励孩子说出自己的感受和体验、表达自己的观点，以此来培养他们的语言能力。

2. 挖掘孩子的语言天赋

我们经常听人们这样说："如果在4岁前没有很好地教育孩子，那么以后再怎样教育都是无济于事的。""在4岁前教会他所应该学会的知识，否则，长大后他会比别的孩子落后的。"这些话虽然不一定正确，但4岁前对孩子教育的重要性却要比我们所意识到的大得多。

当孩子进入语言敏感期之后，其实他们的大脑也在此时有了很大幅度的发育，此时可以说是大脑发育最快的一个时期，到了4岁之后，他们的大脑发育就要减速了。因此在这一时期父母要教会孩子应学会的那些技能，如说话。

另外，在4岁之前，孩子的语言天赋已经很好地表现出来。因此，在这一时期，父母除了要教会孩子说话外，还要引导孩子发挥他的这一天赋。如鼓励他朗诵诗歌；讲故事给他听，然后鼓励他复述等，这些都能在孩子语言天赋的基础上，极大地提高他的语言表达能力。

以上两点只是一些较为粗略的建议，在生活中，父母可以抓住孩子的个性特点，鼓励他多与人沟通，挖掘他的语言天赋，培养他的交际能力和训练他的口才，这对他以后的发展将会有很大的帮助！

引导孩子学会认识和表达自己的情绪

心理学专家介绍，情绪是人与生俱来的心理反应，它由4种基本情绪构成：愤怒、恐惧、悲伤、快乐。这如同绘画中红、

第04章
4岁孩子情绪敏感期——帮助孩子做情绪的主人

黄、蓝三原色，其不同的组合构成人的各种情绪状态。每个人都有情绪，我们的孩子也是，他们也有自己的情绪，只是有些孩子表达的方式比较温和、有的比较强烈。父母的责任，就是教孩子学会调节情绪，找到科学的疏导方法。尤其是当孩子到了4岁、进入情感敏感期后，父母更要帮助孩子认识和表达自己的情绪。

其实，无论成年人或儿童，不可能总是快乐无忧，我们都希望能够帮助孩子学会调节自己的情绪，使之向快乐的方向转化。相对于成人来说，孩子的喜怒哀乐通常是很真实的，无论是快乐还是悲伤，他们都会挂在脸上。而且在我们成人看来，一件很小的事，可能就会引发他们强烈的情绪波动，并往往直接支配着他们的行为。

有研究表明，儿童时期具有的情绪调节能力，而不是他们的智力，是他们以后生活中能否成功、是否快乐的最好预示。孩子在成长过程中，学会管理自己的情绪对他的人生幸福至关重要。其实，孩子在每一天的生活中，不但会体验快乐，也会有挫折、有后悔、有孤单的感觉。有些孩子一旦受到挫折，感到难过，就习惯用很暴力的方式发泄，不但造成其他人的困扰，也影响自己的人际关系。这很可能只是因为他不知道该如何适当表达和分享自己的感受。

教孩子认识自己的感觉，这是管理自我情绪的第一步。因为从儿童心理发展的角度来看，对自己情绪体验得越多，孩子的心态发展越成熟。每一次强烈情绪的经历，都是一次宝贵的经验。如果我们允许儿童完整地体验自己的情绪，接纳并认可自己的感受，有助于他们认知事物、总结规律、提炼经验，有助于他们今后遇到同类境况时做出理智的分析和恰当的反应，有助于他们获得坚实的自信心。

相反，假如我们不允许甚至是遏制孩子体验或表达情绪，并非意味着他们面对同样状况时就没有情绪了；我们只是暂时地压抑了孩子的情绪。孩子也会感受到，自己这些情绪是可憎的，甚至认为自己是可憎的。然而他缺乏控制情绪的能力和经验，强行忍受着内心的煎熬，绝望地感到自己无能为力，从而产生自卑。孩子将来长大了，面对内心依然会产生的强烈情绪反应，会感到不知所措，也会感到羞愧难当；既不知道怎样表达，也不知道怎样处理。压抑良久，会导致各种心理问题。

帮助孩子认识和表达情绪，我们可以遵循这几个步骤：

1. 教孩子学会表达自己的感觉

在日常生活中，父母可以多和孩子聊天，或适时问孩子："你现在是什么感觉啊？""你喜不喜欢？""什么事情让你这么生气？"还可以通过讲故事、编故事、角色扮演等游戏教给孩子疏导情绪的方法。有时还可以通过交换日记、写纸条的方式说说高兴和不高兴的事。如此一来，孩子也就逐渐学会如何用"讲道理"的方式表达自己的心情。

2. 教孩子学会表达情绪

当孩子生气发飙或闷闷不乐时，父母千万不要也因此动怒，"你再哭我就打你"这样的惩罚，既无法制止，也无法让孩子学会如何疏导不良情绪。父母要懂得利用此机会，教孩子几招调节不良情绪的好方法，引导孩子适度发泄。

（1）教导孩子用语言表达怒气。研究证明，语言发展较好的孩子，遭受到的挫折感也比较少，因为他们懂得以语言表达自己的需要，于是容易被满足，而且当他们说出自己生气难过的原因时，不仅有助于情绪宣泄，也能获得他人的了解和安慰。父母可以在孩子生气、难过的时候，教导他们用语言而非肢体表达怒气。

（2）教孩子转换思维。如果孩子陷入某种负面情绪里，通常是因为"想不开"，此时，父母可以带着他想些好事情，或引导他发现原来事情没有这么糟。孩子能够学习用不同角度和方向思考，进一步也就可以用有创意的方式，自己想办法解决困境。

（3）带着孩子放松心情玩一玩。压力经常是孩子心情不好的来源之一。可以教孩子做做伸展体操，或是用力画图、用力唱歌，让他体会这些"用力动作"对解除紧张情绪还是很有作用的。下回他就能有更多选择，调节自己的不良情绪了。

（4）教孩子换个角度看自己。当心情不好或遭遇挫折的时候，孩子很容易会对自己产生负面的看法，觉得自己真的很差

劲，这时父母可以提醒孩子，他曾经在其他方面表现得很好。让孩子时常记起自己成功的经验，可以帮孩子找回自信，相信自己可以克服困难，也更愿意去接受挑战。

最后，要帮助孩子建立自信心，因为自信的孩子更容易获得快乐的情绪。父母应该经常鼓励、赞美孩子，增强他们的独立性、进取心。

的确，孩子的成长并不是一个直线上升的过程，而是呈波浪式上升的。孩子的情绪发展也是如此。面对孩子情绪波动期的无理取闹和火爆脾气，爸爸妈妈要多理解他们，教给他们调节情绪的方法。拥有良好情绪、健康心态的孩子，在将来的生活中更容易获得幸福和成功，这就需要我们尽早地关注孩子良好情绪的建立与培养，因为，培养、建立良好的情绪是他们走向成功的第一步。

帮助孩子学习做情绪的主人

我们知道，积极的情绪体验能够激发人体的潜能，使其保持旺盛的体力和精力，维护心理健康；消极的情绪体验只能使人意志消沉，有害身心健康，甚至会导致严重的心理问题。为此，学会保持乐观的生活态度与情绪，无论是对于成人，还是孩子来说都是十分重要的。

据儿童教育学最新研究指出：6岁以前的情感经验对人的一生具有恒久的影响，这一期间的孩子如果易怒、暴躁、悲观、胆怯或者孤独、焦虑，对自己不满意等，会很大程度地影响其今后的个性发展和品格培养。而且，如果孩子持久地被负面情绪控制的话，很可能对其今后的身心健康与人际发展产生负面影响。

同时，孩子到了4岁时，就进入了情绪发展的关键期，作为家长，我们在教育孩子的过程中，还要培养孩子乐观地面对人生，还要教会孩子控制自己的情绪的正确方法，帮助孩子做到情绪自我管理。

在情绪管理的过程中，觉察情绪、表达情绪，以至于利用情绪是其重要的三个部分。而所谓的儿童情绪管理，顾名思义，就是要帮助孩子学会做自己情绪的主人。管理情绪包括两个方面的内容：第一是能够充分地表达自己的情绪，不压制情绪。第二是要善于克制自己的情绪，要善于把握表达情绪的分寸。

所以，作为父母的你，有一项很重要的工作就是及早重视孩子的情感要求并对孩子情绪做出正确的引导，帮助孩子认识、了解和控制自己的情绪，学会理解他人，即为孩子做好"情绪管理"，让孩子从小就拥有优质的情商。

1. 作为父母，自己首先对生活要有一种乐观的态度

父母是孩子的模范，孩子的情绪受父母行为的直接影响。与孩子相处时，父母必须乐观一点。当孩子有挫折感的时候，

只有积极乐观的父母才能成为他依靠、慰藉的港湾。

父母首先要学会管理自己的情绪,不把不良情绪带给家庭、带给孩子,要塑造出一种安全、温馨、平和的心理情境,用欣赏的眼光鼓励自己的孩子,让身处其中的孩子产生积极的自我认同,获得安全感,让其能自由、开放地感受和表达自己的情绪,使某些原本正常的情绪感受不因压抑而变质。

2. 相信孩子

要让孩子喜欢自己,家庭要给孩子认同感。在教育孩子学会乐观地面对人生时,除了多与孩子交流,培养孩子的自信心之外,还有一个很重要的方面,就是首先父母要相信自己的孩子,给予鼓励和支持。更重要的是要帮助孩子进取,克服一些他现在克服不了的困难,只有这样,才能教会孩子以正确的态度和措施保持乐观。

3. 让孩子认识情绪,表达情绪

通过亲子之间的对话让孩子正确认识各种情绪,说出自己心里此时此刻真实的感受。只有知所想,才能知何解。平时,父母可以在自己或他人有情绪的时候,趁机引导孩子知道"妈妈好高兴哦""嗯,我很伤心"等,让孩子知道原来人是有那么多情绪的,还可以通过句式"妈妈很生气,因为……""我感到有点难过,是因为……"来告诉孩子自己的情绪来源,同时也可以问孩子,通过"你是什么感觉啊""妈妈看见你很生气、难过,能告诉我发生了什么事吗"等对话来引导孩子表达自己的情绪及发现自己情绪的原因，有利于提高孩子的情绪敏感度。

4.让孩子体验情绪，设想他人情绪

游戏在年纪尚小的孩子的心理发展中起着重要作用，要让孩子在丰富多彩的游戏活动中体验自己的情绪，感受别人的情绪，知道自己和他人的需要，父母除了要与孩子交流自己的情绪感受外，还可以通过说故事编故事、角色扮演、与孩子讨论故事中人物的感觉和前因后果及利用周围的人、事物，来引导孩子设想他人的情绪和想法。从他人的情绪反应中，孩子会逐

渐领悟到积极情绪能让自己和对方快乐，消极情绪会给自己和对方造成痛苦，不利于事情的解决。

5. 教会孩子适当宣泄不良情绪

人在精神压抑的时候，如果不寻找发泄机会宣泄情绪，会导致身心受到损害。生理学研究表明，人的泪水含有的毒素比较多，用泪水喂养小白鼠会导致癌症。可见，在悲伤时用力压抑自己，忍住泪水是不合适的。另外，在愤怒的时候，适当的宣泄是必要的，不一定要采取大发脾气的方法，可以采用其他一些较好的方法。所以，家长不妨引导孩子采取以下方法发泄自己的情绪：比如，在孩子盛怒时，让他赶快跑到其他地方，或找个体力活来干，或者干脆让他跑一圈，这样就能把因盛怒激发出来的能量释放出来；同时，如果孩子不高兴或是遇到了挫折，你可以把他的注意力转移到其他活动上去。例如，当孩子在厨房里吵闹着要玩小刀时，妈妈会把他带到一水池的肥皂泡面前分散他的注意，他很快会安静下来。另外，场景的迅速改变也能达到同样的目的——安静地把孩子从厨房带到房间里去，那里有许多吸引他注意的东西，玩具恐龙、图书都可以让他忘记刚才的不愉快。

当然，让孩子发泄自己的情绪，并不意味着家长可以忽视孩子那些不正确的行为。过激的情绪，甚至消极情绪都是生活中很平常的，但是伤害和破坏性的行为是绝对不被允许和容忍的。

其实，情绪无所谓对错，只有表现的方式是否能被人接受。家长在教育孩子的时候，一定要接受孩子的多面性情绪，引导孩子把消极情绪转化为积极情绪。唯有正视情绪表达的所有面貌，健康的情绪发展才有可能；唯有能够驾驭自己情绪的孩子，才能够成为有自我控制力的孩子！

为什么4岁的孩子那么任性

杰克今年4岁了，前几天，他的表姐来他家玩的时候带来一个新的玩具，等表姐走后，杰克便开始纠缠妈妈，非要妈妈也给自己买一个一模一样的玩具，但那时候天已经到夜里八点多了，他所住的小区离市区很远，该玩具只有在市中心某大型超市才有得卖，也没有去市区的车了，妈妈就告诉杰克今天暂时不买，但杰克不依不饶，哭闹了一整夜。

这件事表面看起来是杰克任性，无理取闹。可他的妈妈没有从心理角度去了解，她认为杰克非要那个玩具，是因为别人也有，纯粹是胡闹。而她忘记的是，杰克只是对那玩具上一直闪着的灯感兴趣，如果自己也拥有一个的话，就能好好研究了。这就是一种好奇的心理需求。当他的这一心理需求得不到满足时，他就与母亲作对，无奈中只得以哭来抗议。不达到目的，决不罢休。

我的孩子4岁了

所以，这个故事中，如果杰克的妈妈看到了孩子的这一心理，首先表扬杰克想弄清那玩具为何闪亮是他爱动脑筋和非常聪明的证明，再摆出今晚不可能买到这玩具的道理，并承诺明天将与他共同研究玩具闪亮的方法，可能孩子的情绪会好得多。至少，他心理上感到母亲对他在"闪亮"问题上的认可。

生活中，可能不少父母发现，孩子到了4岁以后，只要家长没有满足他的欲望时就会大声哭闹、在地上打滚，或撕扯自己的头发、衣服，或抱着成人的腿部赖着不走。

其实，4岁的孩子的任性是他们表达需求和情感的一种表现。

的确，最令父母尴尬的情形，是孩子在公众场所闹别扭。但是大人这时必须让自己先冷静下来，不要大声呵斥他，因为你的干预越多，他的脾气可能越强烈。孩子闹情绪，有时是带点试探性质的，大人表现得越在乎，他可能越是过分。

建议这时，你先深呼吸，由一数到十，平静自己的情绪，稳定下来再跟孩子说话，这也是给孩子一个调整情绪的时间。孩子见你如此冷静，就可能觉得无趣而收敛了。如果孩子仍然无法冷静，就告诉孩子"我们现在要走"，然后抱走他，等到了无人的场所，就试试让他哭够了自己安静下来吧！当然，你也可以在安全的前提下，离开他一会儿，孩子"打仗"找不到对手，过一会儿他自己就会感到没有意思，发脾气也就停止了。

当然，要纠正孩子的任性行为，我们最好还要做到：

1. 防患于未然

孩子的一些任性行为，是有规律可循的。父母可以在生活中多观察，看看孩子在什么情况下会产生任性的行为，下次再遇到这样的情况前，就可以先跟孩子沟通，先订好规则。比如，长辈容易惯着孩子，孩子只要跟爷爷奶奶在一起时就更任性，下次带孩子去长辈家时，就可以先对孩子打打"预防针"，避免孩子任性。

2. 说理引导

孩子有些要求是无理的或不能满足的，您可以利用童话、故事等方式，给孩子讲清道理，这常常可以避免孩子任性。但这种说理引导一定要及时。

3. 激将夸奖

孩子都有好胜心，都喜欢被父母夸奖和赞美，如果你的孩子还处于任性初期的话，小孩子好胜，我们可以通过正面激励的方法来帮助孩子转变，也可以通过反面激将法，故意说他"不能……"，可能他就会说"我能……"，并努力证明给你看，这样，能帮助孩子改掉任性的毛病。

4. 注意转移

经常看到这样的情形：孩子非常任性地要做不该做的事，大人非要阻拦不可，但说也不听，打也不行，一个要干，一个要拦，相持不下局面尴尬。若恰在这时推门进来一个生人或发生一件新奇的事，孩子立刻被吸引过去，就不再任性了。这是

因为他的注意转移了。孩子的注意力是容易转移的。您可以在孩子出现任性行为时，利用当时的情境特点，设法把你孩子的注意力，转移到能吸引孩子的一些别的、新颖的事物上去。这一方法在任性初期时更灵。

5. 不予理睬

在孩子任性地耍脾气时，您在料定没什么"安全问题"的情况下，就可以不去理睬他，听任他闹一阵子。等他不闹了再去说理。这种方法需要您一不要太性急，二不要心太软。

6. 自我强化

比如，孩子不吃饭，拿不吃饭要挟大人。那么您可以赶快收拾饭桌，让他好好饿一顿。这饿肚子的感觉就是最好的"惩罚"。又比如，没到穿裙子的季节孩子犯拧非穿不可，如果其他办法不管用了，那么就让孩子去穿，受凉挨冻就是最好的教育。采用这一方法，一是要确保后果对孩子身心没多大的伤害，二是大人要狠狠心。

总之，孩子的懂事并不是天生的，需要家长的长期引导，改掉孩子任性的坏毛病，对于孩子的任性，不能太过于迁就，不能让孩子得寸进尺。

第05章
4岁孩子管教的技巧——和孩子一起去探寻奇遇

在很多家庭里,当孩子到了"调皮"的4岁以后,很多家长就开始担忧,害怕不知道该怎么样和孩子相处。的确,与孩子相处并不是一件简单容易的事情,这需要我们掌握一定的教养技巧,在学习管教4岁孩子的技巧前,我们先要了解这一阶段孩子的特点:4岁的孩子喜欢各种奇遇,对一切充满好奇心,故而我们要注重管教的趣味性,而不能采用传统的"棍棒教育",比如和孩子玩亲子游戏、与孩子做朋友、运用幽默的教育语言等。那么,具体如何进行呢,接下来,我们在本章中细谈一下。

我的孩子4岁了

鼓励和带领孩子一起探索世界

我们都知道，孩子都是充满好奇心的，在孩子眼中，大千世界无不充满着神奇的乐趣，无数个"为什么"等着他们去发现探索。正是这种对周围世界万事万物的好奇心，使他们具有想要探索一切的心理。没见过的想看看，没摸过的想摸摸。孩子的探索精神是其思维积极主动的标志，而且也正是探索的愿望和过程引导着孩子认识世界。

对于4岁的孩子来说，此时他们的想象力和观察力都得到了极大的提升，因此，我们更要抓住时机，要保护和培养孩子的探索精神，鼓励和带领孩子不断探求。

4岁的娟娟相对于其他同龄的女孩来说，显得格外活泼好动。周末，妈妈带她到公园去玩。妈妈一边在前面走着，一边轻声和女儿交谈着，可是一回头却发现小家伙不见了，妈妈急忙四处寻找，发现在不远处的草地上，娟娟正趴在地上，专注地玩什么东西。

妈妈悬着的一颗心落了下来，她悄悄地走到娟娟背后，发现小家伙正专心致志地用一只草棍拨弄着一只小蚂蚁，翻来覆去，仔细观察蚂蚁的每个动作。"宝宝，你在干什么？"妈妈问。"妈妈，我正玩小蚂蚁。"娟娟连头也没回，妈妈受到了启发，这是孩子好奇心的表现。

回家后，妈妈给娟娟买了一只玩具小鸟，它会叫、会飞。娟娟高兴极了，爱不释手，她专心致志地观察小鸟的各种动作。第二天，当妈妈下班回家，却发现女儿正动手拆玩具鸟，桌子上已经有了几个小零件。见妈妈来了，娟娟显得有些害怕。妈妈故意板着脸问："你怎么把玩具给拆开了？"娟娟怯生生地说："我只是想看看它肚子里有什么，为啥会拍翅膀、会叫。"

妈妈很高兴，她相信：会玩的孩子才能会学，她必须抓住这个时机，培养孩子的智力。于是，她鼓励女儿说："宝贝，你做得对，应该知道它为啥会拍翅膀。"听了妈妈的鼓励，娟娟高兴极了。不一会儿就把玩具鸟给拆开了，并对里面的结构观察起来。

娟娟妈妈做得对，会玩的孩子才会学，活泼也是一种气质，每一个活泼好动的孩子，总是具有敏锐的观察力、想象力和思考力，而这些是成才的关键。

那么，我们如何带领或鼓励孩子探索世界呢？

1. 扩大孩子活动范围，开阔其视野，激发孩子的探索热情

家长要经常带孩子到户外活动，引导孩子运用多种感官去发现，去观察大自然中的各种事物与现象，探索大自然的奥秘。孩子接触面广了，认识的事物多了，就能发现问题，提出问题。当孩子提出问题，家长要给予赞赏。鼓励孩子用自己的

眼睛去观察,用自己的手去探索,用自己的脑子去思考,积极探索,解决问题。不笑话孩子在探索发现中表现出的幼稚,让孩子感受到自己的探索的价值,从而激发出更大的探索热情。

2. 在日常生活中为孩子制造一些奇遇

最简单地说,就是带孩子在小区周围走一走,那里随处都有有趣的东西,能让4岁孩子的眼睛绽放出新的光彩来。当你打算到哪里走一趟时,记得要带上他。带孩子去散个步,比如,去看看那里正在新起的楼房(嗯,要是能看到拆旧房,就更好了),回来的路上再来一支雪糕。这样的活动给他带来的满足

与快乐，远胜于到邻近小镇去考察民俗。

3. 善于通过提问题，引导孩子形成爱探索的意识

让孩子带着问题去观察思考，寻找问题的答案，使孩子不仅观察到事物的现象，而且认识到事物的本质。这样经常提供问题的刺激，会使孩子的观察和思维变得敏锐，并学会发现问题，形成爱探究的意识。

4. 辩证看待孩子的"破坏"行为

在家庭生活中，不少家长发现，孩子到了4岁以后变得很调皮，开始搞各种"破坏"的行为，但很多家长不知道的是，其实宝宝并不是在破坏，他们是在用自己的方法认识世界，对于此时的他们来说，"破坏"是在进行探索和发现，父母应当给予适当的鼓励。宝宝在童年时这样经常性地主动认识世界，对他的成长绝对是利大于弊。

另外，在有条件的情况下，我们还要为孩子提供操作材料，创造条件，鼓励孩子的探索行为，发展其探索技能。

和孩子一起做游戏，能促进亲子关系

我们发现，孩子到了4岁以后，很喜欢玩游戏，尤其是一些具有挑战性的游戏，其实，父母可以陪同孩子一起玩，这样不但能提升孩子的智力和非智力因素，还能加深亲子关系。早

教专家指出，早期的亲子游戏有益于亲子之间的情感交流，密切亲子关系，有益于婴幼儿的情商发展；良好的亲子关系反过来又有助于亲子游戏在家庭中的进一步开展和丰富，从而形成良性循环，促进幼儿情商、亲子关系、家庭关系等多方面的发展。

游戏在亲子关系中的作用主要体现为：密切情感联系。由于亲子游戏以亲子之间平等的玩伴关系、亲子感情为基础，因此，亲子游戏带有明显的血缘和亲情性质，能够进一步促进亲子关系的发展，密切亲子间的情感联系。在游戏中的身体接触，对增进亲子关系有着最为重要的作用。在亲子游戏中，孩子能更大程度地感受到父母的爱与关注，形成双向情感联系，有利于促进双方的情感交流，强化亲子关系，增进孩子的情商。

那么，我们可以和孩子一起做哪些游戏呢？

1. 涂鸦

涂鸦对我们大人很简单，但是对于孩子不仅需要手部小肌肉的良好控制力，而且还需要很大的耐心，所以，除了指导孩子如何去画之外，还要在孩子开始烦躁的时候，鼓励他们耐住性子，努力完成，当然，我们不能强求孩子完成涂鸦。

另外，父母需要注意，在为孩子选择油画棒时，要选用品质好的。孩子经常会有意无意地把东西放到嘴里，所以选画笔一定不能吝啬，水笔也可以，只是效果就不太好了。

2. 玩积木

积木是一种素材玩具，它由不同几何图形组成。积木玩具可以开展多样化游戏。

积木是孩子游戏的亲密伴侣，是教育孩子的重要教具，它有利于促进孩子身心的全面发展。它是结构游戏的重要材料，可以作为主要的结构玩具供孩子玩耍。由于积木是素材玩具，单一块积木并无意义，只有当这些积木被组合成物体的形象时才能反映生活活动。所以，积木能为孩子提供想象的广阔天地，可有力地促进孩子创造思维发展，培养孩子的创造能力。

同时，孩子在拼搭积木中，锻炼了手的灵活性、眼手协调性，手脑并用使他们感觉灵敏，为今后学习打下良好的基础。积木的拼搭是件细致工作，一幢楼房需要几十块积木才能搭

成，因而要求孩子认真、细心、坚定地去实现。孩子们在共同建造活动中，还能形成良好的集体品德，增进有关立体造型方面的艺术知识、技能。

3. 捏橡皮泥

橡皮泥是被用来帮助幼儿学习的重要工具。捏橡皮泥能锻炼孩子的手部动作，也能开发孩子的创造能力。

在学拼音的过程中，父母可以让孩子们用橡皮泥来捏字母，用各种各样颜色的橡皮泥捏成字母，任由孩子喜欢哪种颜色就捏哪种颜色的，这样，孩子会学得非常快。通过这种方法学习，孩子既学会动手制作，又学了课本的内容，真是一举两得，更体现了玩中学、学中玩的学习理念。

孩子很喜欢吃肯德基，在家玩橡皮泥时，爸爸妈妈就可以对孩子说："我要吃汉堡包、我要吃薯条。"等孩子做好了这些食品时，爸爸妈妈可以向孩子买，并且可以"讨价还价"，吃过了薯条吃鸡翅，吃过了鸡翅吃猪排……孩子的橡皮泥在你的帮助下已是变化多端了。

4. 穿珠子

将线的一头打结，另一头从珠子孔穿过，将所有珠子穿进去，然后再将尾部也打结。

可以按照珠子的不同颜色，将相同颜色的串在一起，还可以间隔着穿，更可以将穿好的珠子当作装饰品。

5. 过家家

过家家是一种开发孩子想象力和创造性的游戏，能丰富孩子的生活、社会经验，这也是他们最喜欢的亲子游戏之一。

玩过家家游戏的场景有很多，比如，厨房、餐馆系列、医院系列、消防系列、亲子角色扮演系列等。

另外，我们在和孩子一起玩游戏时，需要注意：每次在和你的孩子游戏之前，先观察一会，看看孩子正在玩什么，在怎样玩手边的东西等。如果孩子正在兴头上，没有要大人加入的意思，就应该让他独立地继续玩；如果不是上述的情况，那么您就应该参加到里面一起玩，而且是玩孩子正玩着的游戏，尝试以这种方式将游戏玩下去。

使用日常用具同孩子游戏时，应不断地变换花样，这将刺激他进行观察。长此以往，孩子也会产生新的想法，发挥想像力，激发创造力。积木以及其他很多的玩具，如果大人不教孩子怎么去玩它们，它们就失去了寓教于乐的功能。因此，父亲和母亲应经常抽时间同孩子一同游戏：搭积木时，大人要先用几块积木搭个样子，再告诉孩子应该怎样建造一座塔楼，怎样把水杯叠起来。

或许孩子很快就能照您的样子自己做起来。另外，一次不要教孩子太多，而是多给他鼓励。游戏时应该顺着孩子玩的游戏玩。这样就表明您认可孩子正玩的游戏，而且还在称赞他。有时候，只要您能坐到他的身边，看着他玩就够了。这样，孩

子玩起来兴头就更足了，您也可以顺便对他发育的进展情况进行一番观察，而这些情况可能一不注意就会错过的。

尽早为孩子设定这几条行为规范

对于4岁的儿童来说，他们年纪还小，教育过程中，与他们讲很多道理，他们并非全部都能听懂，犯错时你的道理再合适，他们也都不明白。只有让他知道，他那样做会受到惩罚，他才能记住，这就需要我们立规矩，以下是几条孩子从小就必须养成的规矩：

1. 粗野、粗俗的行为和语言习惯不能有

生活中，我们发现，有一类孩子，他们总是出口成脏，语言粗鄙。良言一句三冬暖，恶语伤人六月寒，如果养成习惯，有时无心的一句口头禅，却会对今后的学习和工作带来严重的影响。

还有一类孩子，他们喜欢使用暴力手段，强制别人服从自己的意志；用语言对他人进行攻击、胁迫，来实现自己的愿望。但是，这样的做法是绝对不可取的！

如果孩子出现了粗俗的言行，爸爸妈妈应该怎么做呢？首先，家长要帮助孩子明辨是非，明确地告诉他："以后不能这样做了，这是粗野的行为，是要挨批评的！"然后家长引导孩

子，让孩子自己反省，想出更好的办法来处理这样的事情。

这样的规矩能帮助孩子调整自己的情绪，学会如何正确对待自己想要的东西，如何处理自己的情绪等。在这个过程中，孩子会不断地调整对事物的看法和自己的心态。等他长大后，他也会用这套模式去对待周围的人，变得更加理性、为他人着想。

2. 不可随便拿他人东西

4岁前的孩子的自我意识才刚刚萌芽，往往很难分清自己和他人，更不懂得分辨什么东西是自己的，什么东西是别人的。

所以只要是孩子喜欢的东西，他就会毫不犹豫地伸手去拿，觉得"拿到我手上就是我的了。"

对此，这个时候，家长们应该有意识地帮助孩子建立自我意识，可以拿着大人的衣服和孩子的衣服告诉他："这一件是你的，这一件是爸爸的，这个是妈妈的。"

帮助他建立自己与他人的界限，等孩子已经能清楚地分清自己和他人的区别的时候，爸爸妈妈也要刻意地多给孩子提问："这是你的吗？"让他独立地进行判断，并给他立下规矩。

这样的规矩，可以帮助孩子更好地区分"你的""我的"，知道不是自己的东西就是别人的，别人的东西不能拿，而"我的"东西一定归我支配。

这种物权概念的区分，是最基本的道德和心态的基础，他长大后才更懂得尊重他人。

3. 不可以随意打扰别人

当孩子遇到好的事情，比如受到老师表扬了、交到一位新朋友等，总会很兴奋地想要把它告诉爸爸妈妈，无论爸爸妈妈在做什么事情他们总会毫不犹豫地打断。现在许多父母都是"孩子第一"，所以常常允许孩子在任何时候打断自己讲话，而且还会高兴地回应孩子，这样的态度容易让孩子养成不顾一切打扰别人的习惯，长大以后可能会以自我为中心，很难在集体中生活。

如果发现孩子有这样的坏习惯，爸爸妈妈要在平时生活中有意识地帮他改正，告诉他："随便打扰别人是很不礼貌的，你想想，如果宝宝在睡觉，小朋友老是过来跟你说话，宝宝会高兴吗？"

用心平气和的引导让孩子学会换位思考，让他知道被别人打扰是很不开心的事情，然后再给他立下规矩。

这样的规矩能让孩子学会尊重他人，让他懂得当别人在忙的时候不应该去打扰他，而且孩子在这个过程中学会了换位思考，也会变得更加善解人意，这样更容易交到好多好朋友呢！

4. 做错事要道歉，并且有权利要求他人道歉

家长们疼爱孩子，总觉得"孩子还小"处处让着他，就算孩子犯错不道歉，爸爸妈妈也会一心软就原谅他了。这样的处理方法，会让孩子觉得"做错事也没什么大不了的，反正爸爸妈妈都会原谅我"，孩子没有了约束，难免会为所欲为，犯更

多更严重的错误。

　　从小就教孩子，做了错事要道歉，这样才是懂礼貌的好孩子！在孩子犯错的时候，除了教育他之外，可以要求孩子对自己说一声对不起，如果是爸爸妈妈错怪孩子了，也要向他道歉，给孩子树立一个好榜样，跟孩子一起遵守规矩。

　　这样的规矩能让孩子学会礼貌待人，诚实地面对自己的错误，并且有勇气主动承认错误。在这个过程中，孩子学会了反省自己，也开始懂得维护自己的权利了。

　　当然，在立规矩的时候，家长要以身作则，要求孩子做到的自己先做到，树立榜样。如果孩子做不到，该打就得打，惩罚完要告诉他哪里做错了，一定要让他自己重复一遍什么地方做错了，做错的原因，这样才能记住。

别吝啬对孩子的夸赞和嘉许

　　对于任何一个家庭来说，孩子是否能健康、愉快的成长，是家庭是否幸福、和谐的重要因素之一。但如何教育孩子，却成为很多家长困扰的问题。家长的第一次困扰是在孩子4岁左右的时候，因为这是孩子人生的第一次叛逆期。

　　提到叛逆期，很多家长认为是青春期，但其实早在学前期，就有这样一个"叛逆期"了——4岁左右是人生的"第一个

我的孩子4岁了

叛逆期"。这个阶段的孩子,一个显著的心理发展特点是自我意识增强,有了"我"的概念。如果父母留心这个阶段孩子的说话,便会发现孩子说话更多使用"我"这个词了。教育专家建议,此时父母要顺应孩子的成长特点,要注意引导,尤其要注意使用赏识教育这一方法。

有这样一位母亲,第一次参加家长会,幼儿园的老师说:"你的儿子有多动症,在板凳上连三分钟都坐不了,你最好带他去医院看一看。"

回家的路上,儿子问她老师说了些什么,她鼻子一酸,差点流下泪来。因为全班三十位小朋友,唯有他表现最差;唯有对他,老师表现出不屑。

然而,她还是告诉了儿子:"老师表扬你了,说宝宝原来在板凳上坐不了一分钟,现在能坐三分钟了。其他的妈妈都非常羡慕妈妈,因为全班只有宝宝进步了。"那天晚上,她儿子破天荒地吃了两碗米饭,并且没让她喂。

儿子上小学了。家长会上,老师说:"全班50名同学,这次数学考试,你儿子排49名。我们怀疑他智力上有些问题,您最好能带他去医院查一查。"回去的路上,她流下了泪。然而,当她回到家里,却对坐在桌前的儿子说:"老师对你充满信心。他说了,你并不是个笨孩子,只要能细心些,会超过你的同桌,这次你的同桌排在第21名。"说这话时,她发现,儿子暗淡的眼神一下子充满了光彩,沮丧的脸也一下子舒展开来。她甚至发现，儿子温顺得让她吃惊，好像长大了许多。第二天上学时，去的比平时都要早。

孩子上了初中，又一次家长会。她坐在儿子的座位上，等着老师点她儿子的名字，因为每次家长会，她儿子的名字在差生的行列中总是被点到。然而，这次却出乎她的预料，直到结束，都没听到。她有些不习惯。临别，去问老师，老师告诉她："按你儿子现在的成绩，考重点高中有点危险。"她怀着惊喜的心情走出校门，此时她发现儿子在等她。路上她扶着儿子的肩膀，心里有一种说不出的甜蜜，她告诉儿子："班主任对你非常满意，她说了，只要你努力，很有希望考上重点高中。"

高中毕业了。在第一批大学录取通知书下达的日子，学校打电话让她儿子到学校去一趟。她有一种预感，她儿子被清华录取了，因为在报考时，她给儿子说过，她相信他能考取这所学校。儿子从学校回来，把一封印有清华大学招生办公室的特快专递交到她的手里，突然转身跑到自己房间里大哭起来，边哭边说："妈妈，我一直都知道我不是个聪明的孩子，是您……"这时，她悲喜交加，再也按捺不住十几年来凝聚在心中的泪水，任其打在手中的信封上……

案例中的这位母亲是明智的，在孩子还小时，她就用赞扬和赏识在孩子心中种下了自信的种子，让孩子阳光、自信地成长。

心理学家曾经做过一个关于"孩子最怕什么"的调查，结果表明：孩子最怕的不是生活上苦、学习上累，而是人格受挫、面子丢光。美国心理学家威廉·詹姆斯有句名言："人性最深刻的原则就是希望别人对自己加以赏识。"孩子毕竟是孩子，他们的独立意识尚未形成，他们非常在乎他人眼里的自己，因此，对孩子进行"赏识教育"，尊重孩子，相信孩子，鼓励孩子，不仅能让我们及时看到孩子身上的优点和长处，进而挖掘孩子身上巨大的潜力，还能拉近亲子间的距离，帮助孩子健康成长。

不论男孩还是女孩，好孩子不是批评出来的，好孩子是科学地夸出来的。因此，赏识教育可以说是亲子教育的灵魂。

那么，什么是赏识呢？所谓"赏"，就是欣赏赞美，"识"，就是认识和发现，综合起来的意思就是家长们要认识和发现自己孩子所特有的长处和优点，并加以有目的的引导，勿使其被压抑和埋没。

很多家长说，我该怎么夸孩子呢？总不能一天到晚说"好啊，乖啊"。这里就谈到了赏识教育的中心话题，鼓励孩子，让孩子在"我是好孩子"的心态中觉醒，同时一定要注意表达的方式和内容。具体来说，你的赏识必须满足两个要求：

1. 真实的

对于孩子的赏识一定要是发自内心的，而不是虚伪的。你可以不直接表达你的赞赏，比如，你可以说："红红，你这件裙子哪里买的呀，我也想给我家安安买一件呢，却一直没见到，回头你能不能带我去？"你这样说，她也会觉得自己的衣服很好看，觉得自己的眼光得到了别人的肯定，你没有直接夸奖，但效果达到了。不要认为孩子是可以随便哄哄的，假惺惺的夸奖也会被他们识破。

2. 表扬不要附带条件

有些家长虽然也认识到了赏识教育的重要性，但却担心孩子会骄傲，于是，他们常常会在表扬后还加上一条附带条件，比如说："你做这件事很对，但是……"这类家长认为这样会让孩子更有心理承受能力接受教训，其实，孩子最害怕这类表扬，他们会以为你的表扬是假惺惺的。因此，你千万不要低估孩子的智力。他们是能听出你的话中话的。

对于孩子的表扬最好是具体的，比如："真乖，今天你开始自己学会叠被子了。""我听李阿姨说你今天主动跟她打招呼了，真是个懂礼貌的孩子。"

良性沟通，建立亲密的亲子关系

当孩子到了4岁以后，很多父母都感叹，为什么孩子上了幼儿园中班以后好像越来越不听话了，也喜欢反驳父母的话？孩子是不是学坏了？其实并不是，我们的孩子还小，还需要父母

的保护，而此时，是孩子的第一次叛逆期，且此时的孩子到了语言敏感期，不仅话多，而且喜欢反驳，孩子的这一态度无疑给亲子关系带来障碍，让很多父母无法适从。那么，作为父母的我们，该怎样针对这一问题，与孩子好好相处呢？

为此，儿童心理学家指出，我们要和孩子多沟通，与孩子交朋友，和孩子建立亲密的亲子关系。具体来说，我们需要掌握几点原则：

1. 尝试跟孩子交朋友

事实上，孩子都希望交朋友，这就是为什么他们会有自己的朋友圈子而不愿与父母交流、对父母的观点嗤之以鼻了，而父母要是和自己的孩子交上了朋友，那就不需要再为不知道怎么跟自己的孩子交流而烦恼。

比如，如果你的孩子爱玩游戏，那么，在有条件的休息时间，试着跟孩子一起玩玩，就能让你的孩子更加喜欢你。当然，在游戏的选择上，可以挑一些竞技类和娱乐类的，娱乐的同时，培养孩子的竞争意识。

2. 选择一个合适的沟通场所

有些父母认为，和孩子说话，当然是选择家里了，其实，也不一定，如果家中无外人则可，但如若有外人在场，则应考虑孩子的自尊心和感受。

那么，什么场合适于和孩子的谈话呢？当然，这也视具体情况而定，如果你是要鼓励和赞扬孩子，可以选择人多的场合，让大家都看到孩子的成绩，如果你的孩子容易骄傲的话，则应排除在外；如果涉及隐私问题，或者指出孩子的失误、缺点、批评孩子的话，则应该在私下里，选择没有别人在的场所。因为在无第三者的环境中更容易减少或打消其惶恐心理或戒备心理，从而有利于谈话的进行。这样还可以避免当众伤害孩子的自尊心，利于孩子说出心里话，加强你和孩子之间的沟通。

另外，如果你需要和孩子静心交流、和孩子谈心的话，则应该选择一个平和安静、风景美丽的地方，因为这样的地方，可以让彼此心平气和，情绪稳定，心情舒畅，易于接受对方的意见。比如利用周末或假期，带孩子到公园或风景游览区，一边游玩，一边说说悄悄话，这样的沟通和交流一定会起到很好的效果。

3. 不要总是命令孩子

在很多问题上，父母不要太过武断，也不要替孩子做决策，而应该先问询孩子的意见，"你是怎么认为的呢？你打算如何处理呢？你打算什么时候开始做呢？"这就表示了我们对孩子的尊重，在了解了孩子的想法后，如果有些部分不正确，那么，我们再以研究和探讨的语气与之商量："我能理解你的想法，但我们还要考虑这件事的可行性，不是吗……你认为妈妈的意见对吗？"

孩子是聪明的，有判断力的。如果你的话有道理，孩子也

我的孩子4岁了

是会采纳你的建议的。同时，交流会越来越多，亲子关系会越来越好。

再比如，孩子想周末去朋友家玩，你可以和孩子商量，让其和更多的孩子去交往，但一定要讲究原则，比如，孩子去的地方要告知家长，他什么时候回，都有哪些人，玩多长时间。如果孩子要求在朋友家住，你要告诉孩子不行，"如果晚了，爸爸妈妈可以去接你。"那样爸爸妈妈不会担心。父母应该支持孩子，同时也告知他们不能破坏原则。这样孩子能得到他的快乐，又不会过度放纵。父母应该给孩子一个空间，让他自己去体验，去成长。家长应该永远做孩子的后盾，是支持者和帮助者，这样才不会让孩子离自己越来越远，才会让孩子幸福快乐的成长。

以商量的方式去解决问题，即使商量失败，但感情氛围会增强，有利于以后问题的沟通。家长经常的错误是，当前问题没解决，还破坏了感情气氛，阻断了感情沟通，失去今后问题解决的机会。

4. 孩子不认同的事或物，我们应了解原因

很多父母一听到孩子反对自己的观点，就不问原因，加以斥责，长此以往，孩子自然会疏远你，而如果你给孩子辩驳和阐述理由的机会："这件事，爸爸想听听你的看法……"有时候，孩子的世界是我们大人所不能了解的，但却并不是无理的，我们只有试着了解，才能了解孩子。

总之，父母应记住，即使再忙，每天都该抽出一点时间来和子女进行沟通，且要找对沟通方法，这样才能帮助我们和孩子建立良性的亲子关系。

第 06 章

4 岁孩子的社交能力——每个孩子都需要几个玩伴

友谊是每个孩子童年的重要组成部分。对孩子来说,结交朋友似乎是这个世界上最自然不过的事情。毕竟,他们整天待在教室里,一块儿吃午餐,一起在操场上玩耍。然而有时候孩子也需要爸爸妈妈的一点帮助,把天天见面的熟人变成自己的朋友。由于年龄相近、志趣相投、关系融洽、地位平等,同伴群体能满足孩子游戏、友谊、安全、自尊、认同等方面的需要。父母要让孩子明白,友谊是一笔宝贵的财富,要鼓励孩子在周围的生活圈子中多交善友,这会让你的孩子一生受益无穷!

我的孩子4岁了

鼓励害羞胆小的孩子大胆与人交往

作为父母，我们都希望自己的孩子在人前人后都落落大方、自信十足，这样的孩子才懂得如何不卑不亢地待人接物。这也是我们管教孩子的重要目标之一，如何面对胆小怕羞、不自信的孩子，是困扰许多家长的常见问题，也是家长们急于得到答案的问题。为了解决这一问题，我们一定要鼓励孩子大胆地与人交往，以此增加自信，并培养孩子的社会交往能力。

在此之前，要先分析出孩子胆小、不自信的原因，然后才能对症下药。严格地说，胆小害羞是孩子进行自我保护的自然行为，随着年龄的增长和与外界接触次数的增多，胆小害羞的行为就会越来越少。但是也有些孩子四五岁还是很胆小、很怕羞，这个时候家长就应该重视、要想办法纠正了。一般来说，造成孩子胆小怕羞的原因主要有以下几种情况：

1. 幼年时候与外界接触比较少

其实，孩子天生是敏感、害羞、多疑的，但后天可以改变。但生活中，我们见到的一些胆小怕羞的孩子，多数是婴幼儿期由爷爷奶奶带、不常见生人、不常和小朋友一起玩耍的孩子。我们还见到，一般在学校校园里长大的孩子都比较胆大、放得开。所以，我们要多带孩子和外人接触，让孩子多见世面，让孩子多和小朋友一起玩耍，多参加集体活动，这是纠正这类孩子胆小怕羞的最好方法。

2. 家长不正确的教育

很多家长错误地把孩子的胆小怕羞当作一个大的缺点来对待，急于纠正，但又方法不当。他们常常人前人后地提醒孩子，有的还强迫孩子在陌生人面前表现自己，当孩子不肯表现的时候，为了给自己一个台阶下，又当着别人的面说孩子胆小怕羞。这样不但不能纠正孩子的胆小怕羞，反而会加重孩子的内心体验，使孩子变得更加胆小怕羞。

4岁的菲菲是个胆小怕羞的孩子。一天她随妈妈出门，遇见了妈妈的一位朋友。妈妈与朋友攀谈起来，菲菲胆怯地躲在妈妈身后，低头吸着大拇指。妈妈说："菲菲，这是丁阿姨，问阿姨好。"菲菲只是抬头看了阿姨一眼，就又低下头，继续吸她的手指。妈妈好言相哄，让菲菲走过来，但菲菲只是摇头。妈妈感到尴尬，可又不好在朋友面前发作，只好向她的朋友道歉说："菲菲是个胆怯的孩子，我想她是不好意思。"

妈妈这么一说，无疑强化了菲菲的胆小怕羞。

3. 家长对孩子过于严厉

有些家长对孩子过分严厉，久而久之，使孩子畏惧于家长，敏感于别人对自己的评价。他们对自己的一言一行非常重视，唯恐有差错，这种心理导致他们在与人交往中表现得不自然、胆小怕羞。

　　以上这些情况都会造成一个可爱但不大方的孩子的出现，他们自己信心不足，对自己在学习和其他方面的能力做出偏低的评价，做事谨小慎微，由认知上的偏差发展为自卑的人格，表现在外部就是胆小、害羞、孤独、沉默寡言。基于这些，家长要营造愉悦、和谐的家庭气氛，消除孩子的紧张情绪。要多鼓励、少批评，要抓住孩子的闪光点进行表扬，帮助孩子克服自卑，鼓励孩子勇敢地表现自己、张扬个性。这样就能使孩子

克服胆小害羞的习惯，变得大方开朗、热情阳光。这样的孩子就能大方地与人交往了。另外，我们还要在生活中逐渐引导孩子，帮助他们克服羞怯胆小的弱点，以此培养他们好的人际交往能力。

1. 让孩子树立自信心

父母应该让孩子知道，树立自信心是战胜胆怯退缩的重要法宝。胆怯退缩的人往往是缺乏自信的人，对自己是否有能力完成某些事情表示怀疑，结果可能会由于心理紧张、拘谨，使得原本可以做好的事情弄糟了。

因此，父母要教导孩子在做一些事情之前就为自己打气，相信自己有能力发挥自己的水平，然后按照想法自己去努力就可以了。

2. 扩大孩子的交际和接触面

一般来说，怯于表现的孩子面对众多目光只是觉得不安，并非讨厌赞美和掌声，您只要看看他们投向同伴的目光就知道了。因此，家长应有意识地扩大孩子接触面，让孩子经常面对陌生的人与环境，逐渐减轻不安心理。闲暇时，带孩子和邻居聊上几句，帮孩子与同龄朋友一起玩耍，建立友谊；购物时甚至可以让孩子帮忙付钱；经常到同事、亲戚家串门；节假日，一家三口背上行囊去旅游，让孩子置身于川流不息的游客潮中……随着见识的增长，孩子面对别人的目光时，便会多几分坦然。

3. 切忌与同龄孩子对比或者辱骂孩子

我们应该不失时机地与孩子沟通，给孩子以鼓励和赞扬，帮助并引导孩子努力克服自身的弱点，尽可能避免孩子因胆怯所造成的心理紧张，以缓解孩子的胆怯，促进孩子健康成长。

4. 多鼓励孩子在外人面前展示自己

有了家长的肯定，如果再加上外人广泛的认可，孩子的自信心会得到强化。带孩子走出小家，鼓励他迎着外人的目光勇敢地展示自己，这个过程可能较长，孩子的表现也会有反复，家长应有充分的心理准备。不妨先从孩子较为熟悉的环境入手，亲友聚会是个不错的选择，面对熟识的人，孩子会比较放松。比如，家长可以看准时机，轻声对孩子说："今天是外婆的生日，如果为外婆唱首歌，她一定特别高兴。"要注意的是，家长不一定非得当众大声宣布，要给孩子留有余地，众人期盼的目光或是善意的笑声都有可能加重孩子的排斥心理。如果孩子还是拒绝，家长不要再施加压力，给孩子个台阶下："是不是今天没有准备好呀？那下次准备好时再唱吧。"同时，为了减轻孩子的负面情绪，还可以给他一个微笑或拥抱，或找出别的理由对孩子进行肯定。

通过以上这些方法，当孩子获得赞美，体会到被肯定的喜悦时，自信心便会随之增强；而自信心的增强，反过来又会促使孩子勇于继续尝试。也许孩子一时并不能像那些天性外向、开朗的孩子那样乐于表现，但只要他能学会勇敢地展示自己，就是在把握机会,积极进步。长此以往,孩子自然也就不再胆怯了。

鼓励孩子多考虑他人感受

有位妈妈这样袒露自己的担忧:

"我的宝宝现在4岁多了,最近发现宝宝在和小朋友玩的时候总是要求别的小朋友按自己的思路、自己的想法、自己的规定去做;在与小朋友讨论话题时,只承认自己是对的,同时还要求别的小朋友也认同;此时别的小伙伴不顺着她或不同意的观点时,我的宝宝就会很大声地对小伙伴说:'就是应该这样做的''就是我这样的''你要和我一样地做。'如果这样下去,宝宝长大后应该会是一个自私的人,就不会有自己的小伙伴、朋友。我作为父母,真的不知道应该如何去帮助她了。"

可能生活中有不少父母也有这样的担忧:孩子怎么越长大反而越自私了,如果孩子能换位思考,多替他人着想就好了。

我们发现,生活中,不少孩子到了4岁后,都有这样的表现,他们只知有自己,不知有别人。他们以为自己的欲望都应该得到满足,如果没有得到满足,是你们当家长的错;至于别人,包括最亲近的父母亲、老师的需要,与他无关,他无须考

虑。其实，之所以有这些表现，一方面与家长的溺爱有关系，凡是这种孩子，他们在家里无一不是唯一"核心"。中国父母常常用错误的方式爱着孩子，实行独生子女政策更加剧了这种趋势，于是，社会上出现一种奇怪却非常普遍的现象：孩子成了家里的"小皇帝""小太阳""独苗苗"，几代人都宠着他惯着他，这类孩子很少替他人着想。

另外一个方面原因是，孩子到了4岁以后，自我意识萌芽，他们开始关注自己，而忽略他人感受。不得不说，现实生活中，不少孩子有逆反行为、与周围的一些人发生矛盾，都是因为不懂得换位思考导致的，每个孩子在成长的过程中，独立意识都在不断增强，我们若希望孩子成为一个贴心、善解人意的人，就要在这个阶段对他们进行引导。具体来说，我们可以遵循以下几点建议：

1. 让孩子学会分享

在许多人眼里，帮助他人，意味着付出，意味着对自我的克制，其实更多的人还是在助人的过程中发现了快乐，帮孩子体会与人分享带来的快乐，他会更愿意与人分享并帮助他人。应尽量避免给孩子树立负面的榜样。

2. 让孩子学会换位思考

孩子之所以会自我中心，是因为他不知道自己的行为会给别人带来什么样的负面影响，可以引导孩子站在他人的角度思考问题，学会换位思考。

有位家长这样是教育自己的孩子的:"有一次,朋友给我的儿子买了一顶帽子。儿子一戴,抱怨帽子小,戴着还觉得头皮发痒,一脸的不高兴,更没有主动表示感谢之意,弄得我很生气,朋友也一脸尴尬。等朋友走后,我就问儿子:'如果你买了一个礼物送给别人,结果人家看到你送的东西一脸的不高兴,你心里会怎样想?如果对方高高兴兴地接受,并大大方方地谢谢你,你是不是会很愉快呀?'儿子知道自己做得不对了,当天就打电话给送礼物的阿姨表示感谢,并为自己的失礼道歉。后来,儿子渐渐学会换位思考,没有我们的指点,他也能独立地面对别人的好意而主动说出感谢、感激的话了。"

3. 给孩子提供练习关心他人、为他人着想的机会

如爷爷下班回来,爸爸帮爷爷倒杯茶,就让孩子为爷爷拿拖鞋;奶奶生病了,妈妈为奶奶拿药,就让孩子为奶奶揉揉疼的地方,或者为奶奶凉凉水;自己头痛时就让他帮着按摩按摩太阳穴,日子长了,孩子会学会许多他应该做的事情。再如上街买菜时,就让孩子帮忙拿一些他能拿动的东西,有好东西吃就他让送给家人吃,或者邻居家的孩子吃,孩子再碰到类似情况,就会如法炮制,慢慢就会养成关心他人的习惯。

4. 对孩子的关心他人的行为给予表扬和鼓励

如孩子帮妈妈擦桌子、扫地了,妈妈就要口头表扬孩子

我的孩子4岁了

"呀！宝贝长大了，知道疼妈妈了，今天能帮妈妈干活了"；当孩子与邻居小朋友玩时，将玩具主动地让给同伴玩了，就抚摩着他的头说"你真棒"，或者给孩子一个吻等。

总之，在平时，家长应有意识地去引导教育孩子，爱孩子应爱的理智，我们要多鼓励孩子为他人着想，这样，在孩子幼小心灵里埋下爱的种子，孩子就会主动地关心别人，并能主动给予。这对于孩子的人格发展很有必要，也不能忽视！

教孩子正确处理与同伴之间发生的冲突

星期六中午，妈妈正在厨房做饭，4岁的儿子飞飞就气呼呼地敲门进来，对妈妈说："凡凡是坏人，我不喜欢他了！"

"怎么了，儿子，发生什么事情让你发这么大的脾气？"

"昨天，凡凡答应来陪我玩球，但是早上没来，我打电话给他，阿姨接的，说他一会儿就出门，然后我一直等，也没看见他来，于是，我就去他家找他，他却在家看电视，我问他为什么耍我，他说他根本不知道我找他的事，我一生气，就骂了他。"

很明显，这两个小男孩之间的冲突来自一个小误会，只要找机会沟通，就能解释清楚。俗话说："结交新朋勿忘旧友，一如浓茶一如美酒，情谊之路长无尽头，愿这友谊天长地久。"这是一首儿童友谊歌,每个人都需要朋友,我们的孩子也是,尤其是孩子到了4岁以后,他们开始进入人际关系敏感期,都渴望交朋友,友谊让我们的孩子们懂得爱,也让孩子的人生路走得更平坦,因为有朋友的陪伴,孩子也可以有一个灿烂的未来!但如果和朋友发生冲突,又该如何解决呢?

1. 要让孩子懂得反省自己

4岁的孩子开始有了一定的自我意识,此时,在与同伴交往的过程中,他们很容易只顾自己,而不顾他人感受,你要告诉

孩子一个道理，如果你的朋友中，个别对你有意见，可能是对方的问题，但如果你在大家中被孤立或者被众人排挤的话，估计就是你的问题了，此时，你要做的就是反省自己，看看自己哪里不对，你试想一下，你是不是太"自我中心"了——凡事很少为别人着想，自己想怎样就怎样，或对朋友不怎么关心等。

2. 让孩子懂得控制自己的情绪

"冲动"是孩子的专利，情绪失控时会造成很多悲剧。我们父母要帮助孩子学会控制自己的情绪和脾气，要告诉孩子："当你被激怒时，或者当你觉得自己血往上涌，只想拍桌子的时候，千万要转移注意力，或者数数，或者离开那个环境，当你学会控制情绪时，你就长大了。"

3. 告诉孩子要大度、宽容

我们要让孩子明白朋友之间，难免个性不同，生活习惯不同，要学会彼此尊重和包容。人都是重情谊的，你帮他，他也会帮你，互相帮助中，友谊会更加深厚。在深厚友谊的基础上，彼此给对方提一些意见是很容易接受的。不是什么原则上的大错误，不要斤斤计较，多包容。

4. 帮助孩子正确看待每个人的长处和不足

人无完人，金无足赤。我们可以告诉孩子："如果你发现你的朋友在外面彬彬有礼而跟你在一起有点粗鲁，可能正说明他真的把你当朋友，不能因为谁有某种不足就讨厌他，如果这个缺点不是品质上的，不是道德问题的话。大家能够走到一起，本身就是一种缘。"

5. 让孩子多帮助别人和关心别人

我们要告诉孩子，经常帮助别人的人，自己也会得到别人的帮助。比如，同学肚子疼了，给她灌一个热水袋，倒点热水；同学哭了，送她一块纸巾，拍拍她的肩膀，不用说话就能把关心传递过去；这都会让你和姐妹们的感情升温。

总之，我们教育孩子，最重要的目的之一就是培养孩子的情商。随着年龄的增长，孩子的人际交往范围逐步扩大。人际关系中的矛盾，会使他们产生"困惑""曲解"或"冷漠"等消极心理，并导致他们产生认识偏差、情绪偏差，进而会做出不适应、不理智甚至极端的行为反应。因此，在孩子与人发生矛盾时，家长要加强教育，指导孩子学会处理各种人际关系中的矛盾，我们要帮助他从那种被排斥的感觉中逐渐成长，因为每一个人与别人相处的方式都是独特的，都是要经过一番努力才能获得的。当孩子开始有了自立、独立的能力后，有了与人交往的能力后，让他和同学、朋友一起玩，逐步提高他们谦让、忍耐、协作的能力。否则孩子总和父母家人相处在一起，备受宠爱，培养不了这方面的能力，以后进入社会就不能很好地和同事相处。而教会孩子融洽地与人相处，你的孩子就可以收获良好的人际关系！

我的孩子4岁了

尽早让孩子了解一些社会交往规矩

现代社会，任何一个人都需要掌握一定的社会交往能力，一个人的价值很大一部分是在社会交往中实现的，而很多父母也已经认识到这一点，并开始着手培养孩子的这一能力。然而，要培养受人欢迎的孩子，需要我们制订一些社会交往规矩，让孩子按照这些规矩与人交往，孩子就能做到不偏不倚、不卑不亢，也就能让他完善自己的交际能力，让孩子自信大方地与人交往。

"我女儿4岁半了，很可爱，就是特爱害羞，碰到熟人也一样，有时甚至还会因害羞而哭闹。我也跟她讲了很多道理，可还是不管用。这该怎么办？"

这是一位妈妈对儿童心理学家说的话。其实，孩子到了4岁，正是他初步进行社会交往的阶段，孩子在这个阶段会学习如何来面对家人以外的人。在这之前他的身体还不够自如，语言表达也比较简单，更多地需要成人来猜测他的意愿。可以说，他的生活处处依赖成人。而孩子到了4岁这个年龄以后，基本都进入了幼儿园中班，已经和幼儿园的小朋友建立了一定的友谊了，这时，需要他们自己去提升人际交往能力。

但由于每个孩子生下来就具有不同的气质类型，一些孩子因为性格内向，一般不自信，会有点害羞，外向的孩子可能在交往中比较大胆。气质性格类型没有好坏，只是表明了孩子对待世界的不同方式。但家长一定要注意孩子的心理成长，别把孩子的不自信当成孩子的内向和害羞，一旦发现孩子不自信，就需要根据孩子的特点进行引导，让孩子喜欢交往，擅长交往。但家长也不必担心，这个年龄段的孩子性格可塑性很大，及时正确引导，是完全可以达到效果的。

那么，作为父母，我们该如何为孩子制订交友规则，进而引导孩子收获友谊呢？

（1）如果你的孩子已经交上了朋友，父母要及时给予肯定，比如，对孩子说："真高兴你有了自己的朋友，听说你的朋友很棒，你们应该互相关心，互相帮助。"或者说："听说你交的朋友很出色，我很想见见他，你看可以吗？"

（2）如果你的孩子还没有朋友，则应积极帮孩子寻找。比如，鼓励孩子与家附近的孩子一起玩，与同事或同学的孩子一起玩。并适时和孩子讨论他们交往的情况，帮助孩子分析并做出选择。

（3）要欢迎孩子的朋友到家里来。父母应该把孩子的朋友当成自己的朋友一样，采取热情欢迎的态度。当孩子来家里时，父母应该说："我们家来朋友啦，欢迎欢迎。"或者"真高兴我的孩子有你们这样的朋友，你们能来太好了！"而且要鼓励孩子认真接待，让孩子的朋友感觉到你对他们的支持和赏识。

（4）需要注意的是，对于孩子和朋友的交往，父母也不能听之任之，使孩子陷入不当的交际圈。而是要充分利用他们喜欢交往的心理，因势利导，正确地引导和帮助他们建立纯真的友谊。

父母不能因噎废食，不能因为害怕孩子结识不好的朋友就限制孩子交友，还是要让孩子积极参加各项有益的活动的，但必须得让他们知道哪些朋友是不该交的。如果你对孩子的朋友某个方面很不满意，就应该当着孩子的面严肃地说出来。

（5）教孩子学会自制。与人相处，经常可能会因意见不同、误会等原因难免发生摩擦冲突，而面对摩擦，学会克制自己的情绪，就能有效地避免争论，起到"化干戈为玉帛"的效果。我们要教育孩子，与人交往要做到有理、有利、有节，但也不能忍气吞声地任凭他人无端攻击、指责，这是怯懦的表现，而不是正确的交往态度。

（6）教给孩子一些交往技巧。这是让你的宝贝逐渐自信起来的最佳办法。您可以教给孩子一些交往技巧。比如，带着有趣的玩具走到其他小朋友的身边，这就能吸引别人的注意；做与其他小朋友一样的动作，也会得到友好的回应；想玩别人的东西，就教孩子说："哥哥姐姐让我玩玩好吗？"让孩子自己去说，哪怕是您教半句，孩子学半句也好。如果得到了满意的回答也别急着玩，要让孩子学会说"谢谢"。如果得不到满意的回答，您可以打圆场，转移孩子的注意力。家长要明白，集体里孩子是一定会经历失败的，父母现在教孩子一些交往技巧，以后孩子独立面对失败时就不会承受不起。

4岁孩子的社交能力——每个孩子都需要几个玩伴

我们教育孩子,除了给孩子一个轻松舒适的生长环境、优越的生活条件、有品位的生活以外,还需要教会孩子如何自信地与人交往,而这需要我们在孩子还很小的时候就对其制订一些交往规矩,要知道,一个落落大方、平易近人的人才能赢得别人的赞同、尊重和喜欢,才不会孤独。

第 07 章

4 岁孩子的健康管理——父母是最好的家庭医生

孩子到了4岁以后,依然长不高或者营养不良、肥胖等情况,都是父母担心和头疼的问题。其实,要提升孩子的身体素质和促进孩子身体成长,最重要还是父母要当好孩子的家庭医生。为此,我们应该从日常生活中开始注意起来,帮助孩子杜绝不良生活习惯,做好孩子的健康管理工作。

4岁孩子偏食怎么办

作为父母，我们都知道，4岁是孩子长身体的重要阶段，而偏食很明显会对孩子的身体产生不利影响，这也是很多父母发愁的问题，也有一些父母一看到孩子偏食，就着急给孩子补锌，然而孩子偏食就是缺锌造成的吗？当然不是，偏食的原因很多，解决偏食问题的办法自然也不止补锌一种了。

那么，孩子为什么偏食呢？

1. 父母对孩子的饮食要求有求必应

如果孩子在出现一点饮食偏好时，爸妈就有求必应，甚至给孩子吃更多他喜欢吃的食物，那么就会让孩子的口味要求越来越高，专挑自己喜欢的好吃的东西吃。

2. 吃太多零食，孩子不爱吃正餐

不少爸妈生怕孩子吃不够，在正餐之间给孩子准备了很多的零食。要知道，孩子吃太多的零食，会导致胃肠道消化液不停分泌，胃肠缺乏必要的休息，最终可能引起消化功能减弱，食欲下降。

3. 边吃边玩

边吃边玩，甚至边吃边看电视，这是不少孩子的通病。玩具和动画片可能会分散孩子吃饭的注意力，食欲也自然而然降

低了。

4. 包办喂食让孩子对吃饭失去兴趣

当孩子有了一定的自理能力，爸妈却还在给孩子喂饭，这会让孩子觉得吃饭是件没意思的事，也就出现偏食的状况了。

5. 食物实在不好吃

当孩子偏食时，检查一下你的厨艺，很可能这是导致孩子偏食的直接原因。另外，如果长期做一样的饭菜，孩子也可能会感到厌倦。

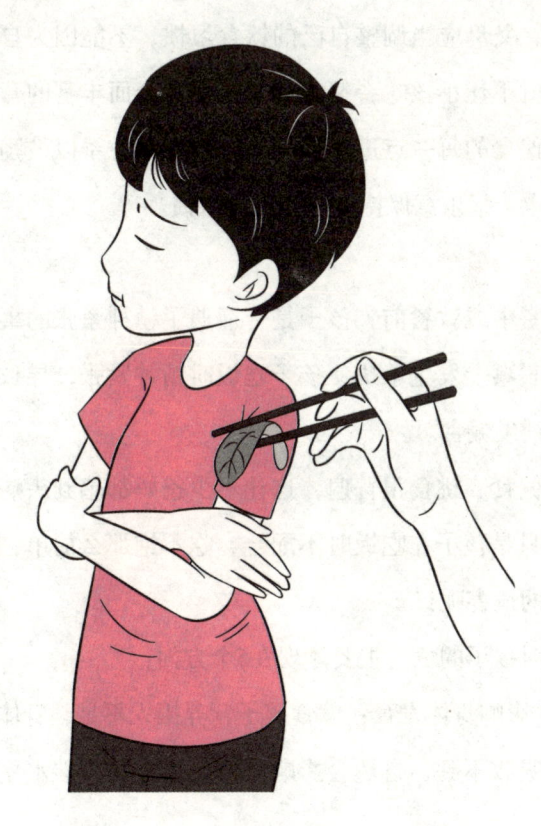

6. 饮食时间不规律

如果突然改变了饮食的规律，在孩子刚睡醒或刚做完游戏时就吃饭，准备工作不充分，消化液分泌不足，会影响孩子消化功能，容易造成偏食。

7. 爸妈的坏"榜样"

此外，小孩的饮食习惯受父母影响很大，因此父母一定不要在小孩面前议论什么菜好吃、什么菜不好吃，自己爱吃什么、不爱吃什么，不要让父母的饮食嗜好影响到小孩。为了小孩的健康，父母应当调整自己的饮食习惯，不能因为自己不喜欢吃什么就不让小孩吃，努力使小孩得到全面丰富的营养。对小孩克服偏食的每一点进步，爸爸、妈妈都应予以鼓励，这样小孩自己也会很乐意保持良好的饮食习惯。

8. 孩子心情差

在就餐中或就餐前，孩子是否遭遇了精神紧张的事件？爸妈是否在餐桌上发生争执？孩子吃饭时精神紧张，导致没有食欲，也会诱发偏食。

孩子偏食、挑食很普遍，这让不少爸妈都感到头痛。因为偏食并不只是孩子在吃饭时不配合、吃不饱那么简单，它背后还有很多的危害呢！

偏食对孩子的危害主要体现在5个方面：

（1）影响身体发育：偏食孩子营养摄入不足，身体需要的营养成分吸收不到，自然会影响身体发育情况，碳水化合物、蛋白质和脂肪等营养摄入不足，体重偏轻，长高速度也减慢。研究发现，偏食和挑食的孩子比那些不挑食的孩子更难长高。

（2）营养失衡：孩子需要的所有营养都必须均衡，才能确保孩子身体健康成长。

（3）影响智力发育：研究发现，正常孩子的智力发育指数要比偏食孩子高14分，偏食孩子还容易出现注意力不集中的现象。

（4）抵抗力差、易生病：由于饮食不均衡，偏食孩子不能很好地从食物中获取营养来提高免疫力，因而更容易生病，经常会感冒发烧。另外，偏食孩子也容易患贫血、佝偻病等营养缺乏相关的疾病。

（5）出现极端性格：这一点，也许很多父母都不知道，食物在调节孩子的情绪以及心理发展方面，也有不可替代的作用，营养不良的孩子更容易形成极端性格。

研究表明，幼儿时期营养不良的孩子与营养良好的孩子比较，更容易出现攻击性行为。此外，家长经常用威胁、责骂等方法逼迫孩子吃东西，这样不仅不能纠正孩子偏食，还会使孩子产生逆反心理，长此以往使亲子关系变得紧张。

小儿偏食该怎么办？

1. 让吃饭变成有趣的活动

如果发现孩子偏食，家长不可粗暴干涉，而应该加以引导，多采用迂回的方法，比如，增加吃饭的乐趣，帮助孩子摆脱厌恶吃饭的情绪。

2. 让孩子参与做饭

在孩子看来，做饭很平常，所以，如果我们能让孩子参与做饭，让孩子了解这一过程，自然会对饭菜产生成就感和好感，比如，我们可以在做饭时让他打打下手，帮你洗洗菜、递递调味料。这样一来，做好的饭菜也算得上是孩子自己的劳动成果，他们自然也就会对菜产生好感。不仅如此，妈妈还可以带孩子一起去买菜，买回来再给他一个择菜的机会。

3. 改变食物的形态

如果某种食材是孩子不喜欢的，不妨试着帮这些食物"变装"。如果孩子最近对鸡蛋失去了兴趣，不妨变个花样做鸡蛋，如蛋炒饭、蛋饼……巧手妈妈甚至还可以试着烹制好看又营养的"童话餐"，用健康的食材摆出卡通造型。

4. 冷处理，不吃就让孩子饿一饿

爸爸妈妈的态度要坚决而不强迫，如果孩子因为饭菜不合胃口而不吃，父母可以把饭菜拿走，让他等下一顿，两餐之间不要给零食，让他明白只有好好吃饭才能填饱肚子。在孩子表现好时，要鼓励他，慢慢地，孩子就会逐渐养成好习惯。

总的来说，孩子偏食，家长不必过于担忧，但也不能轻视，要积极采取措施，让孩子对食物产生兴趣，以免让偏食影响孩子的身体成长。

关注孩子的饮食健康,保证均衡营养

生活中,我们每个人都需要吃饭,以维持正常的生理需要,这就是人们常说的"人是铁饭是钢""民以食为天",我们的孩子也是。并且,4岁孩子的身体正在不断成长,因此需要保证充足的营养,这样才能保证脑部发育和身体发育。不过,我们所说的"吃得好",并不是大鱼大肉,而是充足且均衡的营养,如果不加节制地饮食,那么,就有可能危及孩子的身心健康。

的确,就是有这样一些人,他们似乎无法控制自己地、定期或不定期地暴饮暴食,甚至不加节制地大鱼大肉,于是体形肥胖,最终身体健康受到影响。

4岁的小洁今年上幼儿园中班,她的妈妈是个很注重饮食健康的人。她是个中医,她利用自己的医学知识,经常亲自下厨给小洁做很多味道鲜美又营养丰富的饭菜。早餐要么是牛奶、鸡蛋,要么是在蒸蛋里加些蜂蜜,她说这样吃既营养又能帮助消化,中午的时候她会让女儿吃点水果,比如,苹果、雪梨、香蕉等,因为这些水果可以补充人体所需的维生素和其他微量元素。晚餐会比较丰盛一些,通常会有清蒸鱼、紫菜汤、莲藕炖排骨等,这些食物都有补脑的功效。

小洁的妈妈认为,成长期的孩子要多吃些清淡的食物,忌食辛辣、油炸食品。

的确，孩子需要充足的营养，但不必刻意追求高营养，但牛奶、鸡蛋、豆浆等富含蛋白质、钙质的食品是不可或缺的，尤其晚上睡觉前喝牛奶有助于睡眠。

那么，具体来说，我们该在孩子的饮食上注意些什么呢？

1. 一定要吃主食

主食能转化为葡萄糖，成为人体能量的来源，体内能量不足，就会出现头晕耳鸣、精力不足的情况，严重影响学习。

即使吃主食，也要注意搭配，在平时可多吃些粗粮，比如，吃些玉米、小米、全麦，但不可增加糕点、甜食、糖等代替主食提高热量，过多的糖不但影响孩子身体健康，还会影响孩子情绪稳定。

2. 早餐要吃饱

一日之计在于晨，早餐吃饱吃好了，孩子才能展开一天的学习生活，并且，处于成长期的孩子，他们的体能消耗大，不吃早餐，不仅会影响水平的发挥，而且容易发生低血糖昏厥现象。因此，吃好早餐可以给大脑提供充足的能量，对保持旺盛的精力和较好的学习状态非常必要。

早餐不仅要吃饱，而且要保证吃好。应多吃一些补脑的食物，如鱼类、豆制品、瘦肉、鸡蛋、牛奶以及新鲜蔬菜、瓜果等，少吃肥肉、油炸食品等。早餐应该有粮食，干稀搭配、主副食兼顾，比如粥和鸡蛋。

3. 少荤多素

一般情况下，过于油腻的东西会加重身体的负担，长期大鱼大肉甚至会影响健康，而新鲜的蔬菜清淡爽口，少荤多素，合理搭配，吃起来心情也会轻松。

4. 讲究"色、香、味"俱全

健康的饮食要讲究"色、香、味"俱全，这样吃起来才会感觉到享受。

5. 常换口味

人对于经常看到的东西都有视觉疲劳。同样，同一个菜连续吃两次以上，就会产生味觉疲劳，而本能地产生抗拒。因而，我们为孩子做饭菜时要变换种类，以保证味觉的新鲜。这样，也能让孩子有好心情。

6. 多食用新鲜蔬菜水果

蔬菜水果中含有丰富的维生素C和膳食纤维，维生素C既可促进铁在体内的吸收，更重要的一点，它还可增加脑组织对氧的利用。另外，这类食物还可帮助消化，增加食欲，尤其在炎热的夏天，本来食欲就低，加之孩子学习紧张，就更不想吃东西了。吃一点新鲜水果可以开胃。

7. 可食用一些舒缓神经的食物

我们应要注意为孩子选择含钙高的牛奶、酸奶、虾皮、蛋黄等食物，它们有安定情绪的效果，这样能帮助孩子提升注意力，香蕉含有一种物质能帮助人脑产生5-羟色胺，促使人的心情变得安宁、快乐、愉快、舒畅。富含维生素C的食品，可以起到平衡心理压力的效果，柑橘和番茄是维生素C的最佳来源。每天饮用红茶，有利于舒缓神经。

掌握以上几点饮食原则的情况下，我们便可以为孩子准备营养又均衡的食物了。

4岁孩子如何提升免疫力

日常生活中，不少父母感叹："孩子的免疫力太差了，动不动就感冒。"的确，孩子免疫力强，自然少生病。免疫力相当于人体的一道天然屏障，尤其是到了季节更替或者天气变化时，免疫力低的孩子可就遭罪了，感冒咳嗽发烧流鼻涕，一个不落。孩子生病难受，做爸爸妈妈的心里也不得劲，每到换季身体就出状况，都是免疫力低惹的祸。

因此，我们父母都在寻找增强孩子免疫力的方法。尤其是孩子到了4岁以后，此时的孩子无论是身体还是心智都获得了全方面的发展，如果此时孩子免疫力得不到提升，对孩子整个身体的成长都会带来不利影响。

那么，如何提升孩子的免疫力呢？以下是几点建议：

1. 合理且多元化的饮食

（1）多样化：从食物中得到需要的营养物质，如蛋白质、糖、脂肪、电解质、维生素和微量元素等。不同的食物所含营养素成分是不同的，没有哪种食物可以包括孩子所需的所有营养成分，因此爸妈要给孩子提供多样化的饮食。

（2）合理搭配：即荤素搭配、色泽搭配、品种搭配合理化。这要求爸妈在给孩子准备食谱时，要讲究艺术性，增加孩子对食物的兴趣，乐于进餐，养成健康饮食习惯。

另外，请拒绝给孩子吃高油、高糖的精致化加工食品。这是我们的主旨。多吃天然食品，多吃富含维他命和矿物质的蔬菜、水果。此外，不要让孩子偏食而导致营养失调。均衡、优质的营养，才能造就孩子优质的免疫力，轻轻松松远

离病菌。

2. 多做体育运动

人体每天都会产生大量新鲜细胞，也会死亡淘汰一些细胞，运动会使人体新陈代谢加速，从而使病态或半死不活的细胞加速消耗。同时肌肉也有记忆功能，只要不断重复运动，肌肉和器官都会按照需要的力量、轨迹去成长或是改变，这就增强了体质。

对于4岁左右的孩子来说，适合他们的运动方式有很多，不过有以下几点要求需要遵循：

（1）场地选择：提倡室外活动，最好是有阳光、有树、有绿草、有动物、有河流、有开阔地等。别将超市、商场、旅馆、饭店、影院等人多的公共场所作为孩子活动的场所。

（2）时间安排：活动的时间从少到多，如先从短时间，逐渐延长到2~3小时。同时每天从固定的时间开始。

（3）活动强度：从小到大，如从普通的散步到游戏、登高等。

3. 建立良好的生活习惯

一日生活制度的内容包括：休息、睡眠、饮食、学习、活动和运动等。科学合理的一日生活制度，会达到既提高免疫力又促进生长发育的双重目标！

（1）睡眠。诱发睡眠的化学物质与刺激免疫系统细胞的化学物质是相同的。孩子睡眠充分能促进免疫功能；睡眠不足，免疫系统功能降低，生病概率随之增加，容易患感冒或肺炎。

（2）休息：

①休息和睡眠是两种概念，休息是消除疲劳的重要措施，休息决不能用睡眠来替代；休息不是坐着不动；休息的方式有静止性和活动性两种，活动性休息指到户外呼吸新鲜空气、散步、闲谈、游戏或远眺等。

②自由活动：对于孩子来说，适当自由活动是一种特殊的"休息"。因为自由活动往往是孩子自己喜欢的活动项目，在进行这种活动时，孩子的大脑是放松的，心理和精神都得到调节，对免疫系统十分有利。

③体育运动

适宜的体育运动对孩子全身各系统均有良好促进作用，尤其能提高免疫力。对各年龄孩子，建议每天在睡觉前，进行节奏性体育运动30分钟。

4. 营造良好的生活环境

孩子的居室是最重要的生活环境。居室的卫生条件如何，直接影响孩子免疫功能的形成与发展。孩子房间的装饰设计安全第一，不要片面追求设计效果，尽可能选用木质、布质等材料，避免使用大量的人造板、颜色油漆、人造仿制品等，以减少室内的环境污染。

通风是简单而有效的降低室内空气污染的方法之一。定

时开窗通风，保持室内空气新鲜，最好每天早、中、晚各通风20～30分钟。使用空调时要定期清洗空调的过滤网、出风口，防止空调里积存有害物质。

5. 不滥用药物

孩子生病是难免的，问题是生病后如何应对。

我们都知道，孩子成长的过程中，免疫力低下会导致孩子出现很多身体状况，像是经常性感冒、反复呼吸道感染、肺炎等，并且现在，孩子生病进医院，为了让孩子好得快些，基本上都会用到抗生素，但是这样会造成一种恶性循环，不利于孩子的成长。

很多药物对免疫功能的形成有干扰作用。试想，免疫大军正在与细菌病毒激战，突然杀出个程咬金（如抗生素等）来，张牙舞爪地似乎是来助战，实际上恰恰干扰了免疫细胞得到锻炼。下次再遇到同类细菌病毒，还是没有抵抗力。

再如，发烧是免疫系统大战菌毒的激烈反应，如果滥用激素退热，突然拦阻免疫战士的进攻，把激战平息下来，怎么能产生免疫力？

因此，孩子一旦生病，应当在医生的指导下用药。

所以想要孩子健康地成长发育，提高孩子的免疫力是至关重要的一个环节。

孩子长得慢怎么办

生活中,一些4岁孩子的父母感叹:孩子怎么比同龄人矮呢?孩子饮食也不差啊,为什么就是不长个子?的确,作为父母,我们都关心孩子的成长,其中就包括孩子的身体发育,孩子长得慢、身高矮,是很多4岁孩子父母关心且在寻求解决的问题。

在寻找方法以前,我们先要搞清楚孩子为什么长得慢。长得慢有很多种可能。

1. 遗传

孩子长不高,孩子身高能否如意,取决于几个因素,第一是遗传因素,占70%。如果父母身高不高的话,那么,孩子长得不高就无可厚非了。

2. 骨骼发育问题

我们要清楚地了解致使孩子长不高、不长个的决定性因素,那就是骨骺线是否闭合,这个需要测骨龄来判断,尤其是性早熟的孩子会提前骨骺线闭合,那代表着停止生长了。

一般来说,孩子到了4岁以后,标准身高是98厘米,如果过矮,就要带孩子去医院检查清楚,传统的思想和盲目的治疗会给孩子身体健康带来一定的伤害。

3. 缺少户外活动

我们都知道,晒太阳是最好的补钙方法之一,这是因为阳

光中富含红外线和紫外线，红外线可使血管扩张、促进血液循环，刺激骨髓造血。

另外，紫外线可以杀灭皮肤和空气中的细菌病毒，加速体内维生素D的合成，改善血液中钙、磷代谢，促进小孩子生长发育，并能预防贫血和佝偻病。

所以，孩子要想长高，就要多晒太阳，但是我们发现，现在不少孩子一到放假时间就待在室内玩游戏或者看电视，长期宅家里，小孩子想长高就很难。

4. 运动量不足

运动时，尤其是走、跑、跳等运动，会拉扯关节，使身体的长骨受力，从而刺激骨骼两端软骨的发育，刺激身体分泌生长激素，有助于小孩子长高。

一些家长为了训练孩子的智力，会给孩子买来很多益智类玩具，诚然，这些玩具能促进孩子的大脑发育，让孩子更聪明，但是长期不让孩子出去锻炼身体，孩子的身体发育会受到影响，尤其对身高有影响。

5. 盲目补钙

小孩子生长发育离不开钙的吸收，因此有些家长就很注重给小孩子补钙，生怕他身体的钙不够，影响生长发育。但过量补钙可能导致幼儿骨骺线提前闭合。儿童在生长发育阶段，随着年龄增长，骨骺线逐渐闭合，骨成熟也在加快。在骨骺线闭合前，增长的幅度和潜力都较大，如果骨骺线提前闭合，那小孩子怎么能长高呢？

6. 饮食过度

人在饥饿状态下，脑垂体会更多地分泌生长激素，从而刺激儿童骨骼生长。然而，老一辈都为了让小孩子营养充足，快快长大，每顿饭都会让孩子多吃一点。吃得过饱反而会影响生长激素的分泌，导致长不高。

营养过剩还会让小孩子性发育期提前，造成性早熟。这样的小孩子在一定年龄阶段可能比同龄人要高，至少不矮，但过早地促进骨骼发育，导致骨骺线在生长发育期之前提早闭合，最终成为矮个子。

7. 睡眠不足

人在睡眠状态下会分泌大量的生长激素，且超过白天的一半以上。小孩子只在睡眠时才分泌生长激素，清醒时并不分泌。

一些父母早上为了不耽误孩子上学和自己上班，会早早叫孩子起来，但过早地叫醒小孩子，扰他清梦会影响到他的身高发育，小孩子要长高个子，就要保证有足够的睡眠，每天至少确保8小时以上。

那么，有没有什么帮助孩子长个子的方法呢？

以下是一些建议：

1. 膳食科学合理

人的长高过程有两个高峰期：一个是婴幼儿时期，另一个是青春期，这个时期促进长高营养是基础。要给孩子多吃些富

含各类营养的食物，如鱼、虾、瘦肉、禽蛋、花生、豆制品、牛奶等优质蛋白质；富含钙、磷钙等无机盐的食物，尤其是钙，含钙丰富的食物有牛奶、虾皮、豆制品、排骨、骨头汤、海带、紫菜等；富含锌的食物如猪肉、牛肉、羊肉、动物肝脏等。

2. 适当的运动

选有利于长个的体育运动是增高的最好途径，孩子的活动应当选择轻松活泼、自由伸展和开放性的项目，如游泳、舞蹈、羽毛球、乒乓球、单杠、跳绳、双手摸高（树枝、篮板、天花板等）、双腿跳等。而那些负重、收缩或压缩性的运动，如举重、举哑铃、拉力器、摔跤、长距离跑步等，对身高增长是不利的。

3. 让孩子保持良好心态

影响孩子生长的重要的生长激素，在睡眠和运动的时候分泌较高，在情绪低落的时候分泌较少。如果您的孩子经常处于受到批评、责备，父母争吵的环境中，心情压抑、情绪低落，那会严重影响孩子长个子。

总的来说，作为父母，我们想让孩子长高，要注意以下几点：第一，营养要均衡充足，食物要多样化，尤其要保证蛋白质和钙、镁、锌等矿物质的摄入。第二，就是要早睡早起，不要熬夜，保证正常的睡眠时间。第三，多锻炼身体，刺激骨骼生长。第四，注意心态，舒缓压力，愉悦心情。第五，要是有慢性疾病的，要及时进行对症治疗。

保护孩子的大脑发育，从杜绝垃圾食品开始

生活中，闲暇之余，当我们孩子想吃什么时，可能不少孩子会说："我想吃炸鸡、薯条。"而为了让孩子能好好学习，我们对于孩子的这一饮食要求多半也会应允，但我们不知道的是，这类食物无论是对于孩子的身体健康，还是大脑健康，都存在一些隐患，我们发现，那些经常吃油炸食品的孩子，不但身体肥胖，思维上也略显迟滞，会有注意力不集中的问题。因此，健康专家呼吁，家长一定让孩子少吃垃圾食物。

诚然，成长中的孩子对于能量的需求比成人大，所以我们强调要增加营养，但无节制地饮食会对我们的身心产生巨大的危害：摄入食物太多，会导致肥胖、高血压、高血脂等一系列身体问题的出现，并且，一些食物摄入过多更会影响孩子的大脑，进而影响到孩子的注意力，那么，这些食物有哪些呢？

1. 含反式脂肪酸的食物

炸鸡就是此类食物。反式脂肪酸又称反式脂肪或逆态脂肪酸，是一种不饱和人造植物油脂，生活中常见的人造奶油、人造黄油都属于反式脂肪酸。制造反式脂肪酸的"氢化处理"过程可以防止分子被氧化，使液体油脂变成适合特殊用途的半固体油脂并延长保质期。据健康专家介绍，在人们经常吃的饼干、薄脆饼、油酥饼、巧克力、色拉酱、炸薯条、炸面包圈、奶油蛋糕、大薄煎饼、马铃薯片、油炸干吃面等食物中，均含

有不等量的反式脂肪酸。

反式脂肪酸在自然食物中的含量几乎为零，很难被人体接受、消化，容易导致生理功能出现多重障碍，是一种完全由人类制造出来的食品添加剂，实际上，它也是人类健康的"杀手"。

研究认为，青壮年时期饮食习惯不好的人，老年时患阿尔兹海默症（老年痴呆症）的比例更大。反式脂肪酸对可以促进人类记忆力的一种胆固醇具有抵制作用。

2. 过咸的食物

过咸、高盐的食物，包括咸菜、榨菜、咸肉、咸鱼、豆瓣酱等，若宝宝食用过多（宝宝1岁前尽量不添加盐或少添加盐，1岁以上每天3克以下就足够了），不仅会导致动脉硬化等疾病，还会损伤动脉血管，影响脑组织的血液供应，造成脑细胞的缺血缺氧，从而导致孩子智力迟钝。

3. 含铅铝过高的食物

铅、铝是对孩子智力影响最大的两种金属元素，它们对宝宝智力的影响是不易逆转的。过量的铅进入血液后很难排除，会直接损伤大脑。而铝是脑细胞的一大"杀手"（人体每天铝的摄入量不应超过60毫克），人体内积聚的铝过多，会对大脑及神经细胞生出毒素，出现记忆力减退，智力下降，反应迟钝等症状。生活中含铅、铝食品用品我们随处可见，如皮蛋、爆米花、油条、部分罐装食品饮料、漆制玩具等。

4. 加糖鲜榨橙汁

加了糖的橙汁比汽水的热量还要高，糖分也比汽水多，因此，儿童最好吃原水果，比饮料更健康，也更能保护大脑。

当然，有损伤大脑的食物，就有能护脑的食物，下面我们推荐几种：

1. 南瓜

中医认为，南瓜性味甘平，有清心健脑的功效。因此，神经衰弱患者经常食用一些南瓜可以缓解头晕、心烦、记忆力减退等症状。

2. 海带

研究表明，海带中含有丰富的亚油酸、卵磷脂以及磺类物质等大脑必需的营养成分，拥有很强的健脑功能。

3. 葵花子

葵花子中含有丰富的维生素E和维生素B群，不仅能够提高机体免疫力、防止细胞衰老，还能够调节脑细胞代谢和改善其抑制机能，从而起到稳定情绪、缓解失眠、提升注意力的作用。

4. 核桃仁

核桃仁是最常见的一种补脑健脑食品，因其内含丰富的不饱和脂肪酸、蛋白质以及维生素等成分，可补脑健脑，促进脑细胞活性，提高思维能力。因此每天适当吃一些核桃仁，可消除大脑疲劳，使大脑功能恢复正常，从而补脑护脑。

5. 胡萝卜

胡萝卜中所含的蛋白质、氨基酸和比较丰富的胡萝卜素，能够加快大脑的新陈代谢，预防和消除大脑疲劳，帮助孩子提升注意力。

6. 大豆+沙丁鱼

大豆中所含的谷酰胺和卵磷脂以及沙丁鱼中所含的牛磺酸都是大脑必需的重要营养物质，因此，将这两种食物搭配食用具有很好的健脑、延缓脑细胞衰老的作用。

总之，在孩子成长的过程中，孩子的大脑发育一直是家长最关心的事情，每个父母都希望自己家的孩子能聪明，饮食一直是我们关心的问题,在孩子成长的阶段,合理的饮食不但有利于生长发育,还有助于大脑发育,因此,家长要注意合理搭配膳食,尽量避免让孩子摄入伤害身体和大脑的一些食物。

第08章

4岁孩子的性别启蒙——此时进行性别教育最合适

孩子到了4岁以后，就进入了性别敏感期，这时的孩子最重视的就是谁是男孩谁是女孩。如果有人去洗手间，他们一定要跟着去，原因是想观察到底是男孩还是女孩。此时，正是我们对孩子进行性别教育的最佳时期，要知道，孩子对身体的探索和认识来自观察，成人在给孩子解释时，态度必须客观和科学，要让孩子明白，认识我们自身的这些器官就如同认识自己的眼睛、鼻子、嘴一样，这样不但能解答孩子的疑问，还能让孩子学习如何保护自己。

做好性别启蒙，重视儿童早期性教育

冬冬今年4岁了，上幼儿园中班，一直很乖巧，但最近，冬冬的妈妈很困扰，因为最近她发现冬冬经常用手碰触他的小鸡鸡，尤其是在睡觉的时候，实在不知该怎么跟他说！而且幼儿园的老师竟反映，冬冬经常会在班上当众脱裤子，甚至学《蜡笔小新》跳起大象舞，老师怎么制止都没什么效果，而冬冬根本不知道自己错在哪里……

其实，4岁的孩子之所以有这样的行为，是因为他们的性别敏感期来临了，所以对一些性启蒙问题特别好奇，这时的孩子最重视的就是谁是男孩谁是女孩。如果有人去洗手间，他们一定要跟着去，原因是想观察到底是男孩还是女孩。有的时候他们甚至会问出些带着尴尬的问题，比如"为什么男孩子会有小鸡鸡？为什么女孩子是蹲着尿尿的？"所有人都可以回避，但是爸爸妈妈是不能回避的，而应该积极为孩子解释，做好性别的启蒙。

其实孩子在一定的年纪已经开始具有自我意识，如果父母还是单纯搪塞孩子，不仅不能及时让他们认识性教育的重要，还可能导致逆反的心理。

孩子对身体的探索和认识来自观察，成人在给孩子解释时，态度必须客观和科学，就如同认识自己的眼睛、鼻子、嘴一样。当然这时百科全书是最好的工具了。

然而，在孩子的成长过程中，很多家长都会尽可能地回避对孩子的性教育问题，甚至还会说："孩子长大了自然就知道了。"其实，孩子早期的性教育会决定孩子未来对"性"的看法与观念。

心理学家认为儿童性教育和其他教育一样，要从刚出生时开始，美国性信息和性教育理事会主席玛丽·考尔德博士认为，5周岁以前是性教育特别重要而有效的时期。为什么性教育要从刚出生时开始，是因为幼年时期的错误性观念可导致成年后的性生理或性心理障碍，从而能毁掉一生的美好性生活。

因此，家长要在孩子成长过程中恰当地让孩子了解性知识，对孩子进行正确、健康的性教育。那么，当孩子做出一些不雅举动时，家长该怎么做呢，以下是几点建议：

1. 了解背后的动机

和案例中的冬冬一样，很多孩子会做出一些不雅举动，此时，我们与其打骂孩子，不如静下来思考下，孩子这一行为背后的心理动机是什么？他想要传达什么信息呢？是想以这样的动作吸引别人的注意，还是觉得这样做别人会喜欢自己呢？

2. 冷处理，不理睬

我们发现，这有时候孩子做出不被允许的行为，很多时候，是因为我们成人给出了反应，比如，尖叫、嬉笑、害羞、跑开或

责骂等，这些反应反而会使不恰当的行为被强化而再次出现。

因此，当孩子第一次做出某些行为时，我们可以采取不予理睬的方式，那么，孩子的行为动机就被削弱了。

3. 不要过度反应

当孩子做出这些不雅行为时，切记不要使用太激烈的言语来责骂孩子，如"你好恶心""你丢不丢脸"等，毕竟他们对于性仍然懵懵懂懂，根本没有大人所想的那么复杂。过于激烈的负向联结，容易使孩子形成负向的自我概念，甚至因而讨厌自己。

4. 转移孩子的注意力到其他事情上

试着在平时多转移孩子的注意力到其他的活动或表现上，使他们不要在类似的游戏上过度注意，并且让他们了解"想要被注意的方式有很多种，不一定要用这样的方式"。

5. 认识男女的不同

这个阶段的孩子，多少会了解男生和女生在性征上的差异，父母可以在洗澡时以"认识名称"的方式让孩子了解身体的各个部位。

同时，也要让孩子学习彼此尊重，例如，告诉孩子："小女生看到你的光屁股会觉得很害羞、不舒服，我想你也不会喜欢这种感觉。"

6. 告诉孩子身体的某些部位是秘密基地

我们要告诉孩子，每个人都有属于自己身体的秘密基地，像是胸部、生殖器、屁股等私密的地方,这些秘密基地平常都不可以随便让别人发现,一定要用衣服盖起来才行。

7. 保护自己

除了妥善地遮盖以外,秘密基地也不可以随便让别人触碰,要学会好好保护它们!这样,儿童长大成人后,即可具有较强的处理恋爱、婚姻、家庭等问题的能力。

总的来说,在孩子性别敏感期来临时,我们就要对孩子进行性启蒙教育,且要注意顺其自然,但还要注意把握时机。当孩子提出性问题时,是对孩子进行性教育的最佳时期。父母就应微笑着看着孩子的眼睛,坦然给以回答。

孩子总问"我是哪里来的",家长如何回答

孩子到了4岁以后,就会产生一定的自我意识,于是,在他们的脑海中,就会出现很多奇怪的问题,诸如"我是谁""我从哪里来",这其实是孩子在学龄前大脑发育的一个阶段的必然问题。

而孩子可能得到的答案是:

"孩子,你是马路上捡来的。"

"你是妈妈咯吱窝里出来的。"

"你是石头缝里蹦出来的。"

其实，上面这些答案并没有完全回答出孩子的问题。在此之后，孩子还是会问类似的问题，因为孩子的好奇是无止境的，只有你完全把他的兴趣散发开之后，他才会善罢甘休。

不要对孩子说"你是大街上（垃圾堆里）捡来的"，因为那会使孩子的心理产生挫折感。也不能对孩子说"你是老鹰叼来的"或者"你是从石头里蹦出来的"，因为那样会使孩子缺乏最初的归属感，也必然会伤害孩子与父母的自然归属关系。

这时，你必须清晰地对孩子表达出这样一种意思：你是爸爸妈妈亲生的。至于解释，我们要根据孩子的年龄和认知程度慢慢去引导。

而对于4岁的孩子，问自己是哪来的，直接说是妈妈生的就行。如果孩子接着问，就说是爸爸在妈妈身体里种了一颗种子。为什么种，是因为爸爸爱妈妈。这时可以将话题转到下一个环节，讲解宝宝如何在妈妈肚子里长大。

而到了孩子青春期后，可以告诉孩子，爸爸和妈妈相爱结婚后，除了拥抱和接吻，还要让爸爸的精子细胞进入妈妈的卵细胞，在妈妈肚子里长成宝宝，从妈妈的产道里生出宝宝来。同时还可以告诉孩子生宝宝是一件非常艰辛的过程，培养孩子爱惜生命、孝敬父母。

我们必须明白，孩子这种提问并非要探讨两性关系，而只是好奇而已。所以父母们无须为此担心什么，尽量将正确的答案以一种孩子能够接受的方式对孩子讲出来。

"你是我从垃圾堆里捡回来的。我看你一个小孩孤苦伶仃怪可怜的,不忍心,所以就把你捡回来了。"

这样的回答无疑会让孩子感到非常沮丧——自己只是一个从垃圾堆里捡来的孩子,如果不听话的话,还有可能被抛弃。这些孩子在进入反叛的青春期后可能会对父母产生误解:"怪不得你们对我不好,因为我是捡来的嘛!"

"你问这个做什么,等你长大就明白了。"

相信许多父母都曾这样回答过孩子的一些问题，但它的确不是一种好方式。这样做的一个直接后果是：孩子的问题得不到解答，会积淀在心里或者从同伴、老师等其他途径寻求答案，长此以往，孩子对父母的信任感会降低，而且提问题探索周围事物的积极性也会被打击。

"你和孙悟空一样，是从石头里蹦出来的，所以你才那么顽皮。"

这样的回答会让孩子觉得自己跟爸爸妈妈没有什么关系，缺乏与父母天然的归属感与亲近感。

"呵呵，你是妈妈从肚脐眼儿里生出来的。"

这样回答的父母可能处于两难之中，他们既想告诉孩子真相，但是又有些羞于谈性，于是，只好采取这一"折中"的方式来应付孩子的提问。其实，父母在此问题上不应该羞于表达，而是需要直白地告诉孩子一些有关生命起源的知识。

"精子与卵子结合后就有了你。"

这样的回答看似坦白，其实并没有切中问题的实质。孩子的问题是自己怎么来的，而这一问题却避实就虚，不可能解答孩子的疑问，更不能满足孩子的好奇感，他们日后还会发问的。

"宝宝是在爸爸和妈妈结婚以后，在妈妈的肚子里长成的。最初你很小很小，小到眼睛都看不见，只是一个细胞，叫'受精卵'，后来它开始分裂成2个、4个、8个……然后，它们逐渐长大，这就叫'胚胎'，再以后就长出了头、颈、身体和四肢，形成了'胎儿'，妈妈肚子里有一个专给胎儿准备的'小房子'叫作子宫，你就在那间房子里住了10个月，长成一个6斤多重的孩子。后来，就像咱家的大猫生小猫一样，被妈妈生了出来。"

这是一种科学型的回答方法，适合4岁以上的、有一定认知能力的孩子。这位妈妈用形象化的语言，将孩子关心的问题答案娓娓道来，过程完整但并不复杂，孩子很容易理解。

"爸爸身上藏着很多种子。有一天，爸爸把其中一个小种子放进妈妈的肚子里，它和妈妈肚子里的另外一个小种子结合在一起，那就是你。然后你就在妈妈的肚子里慢慢生根，慢慢发芽，慢慢长大，慢慢能听到声音，也会动弹了。等到你快有小熊玩具那么大了的时候，你就会觉得妈妈身体里太黑了，开始又踢腿又晃脑袋，想要出来。当大脑袋的你长得足够大时，妈妈就会到医院里，请医生和护士阿姨帮忙，把你拿出来。"

这种方法的优点是能够满足孩子的好奇心，因为孩子会对具体的成长过程感兴趣。当父母对孩子这样进行描述时，孩子会在眼前浮现出一幅画面，画面中的主角是自己，这样他会很高兴很自豪，当然也会很明白。

总的来说，第一次为人父母的我们，在平时要多关注孩子的心理健康，帮助他们正确处理问题，面对4岁以后的"好奇宝宝"的问题，要给予孩子更多耐心，给他们正确且科学的回答。

孩子4岁性别敏感期，家长先要调整自己的心态

每个孩子从他出生的那刻起，也许家人所问的一句话就是："宝宝是男孩儿，还是女孩儿啊？"之后，父母就会因孩子性别的不同而对给予不同的反应，也会在内心盘算出完全不同的教育方式等。

到孩子4岁多的时候，他们就会对人的性别问题产生疑问，他们会突然好奇自己的"小鸡鸡"、妈妈的乳房；突然好奇为什么男孩可以不穿上衣、为什么女孩子可以梳辫子，而男孩子则不可以；为什么女孩子能穿裙子，而男孩子则不能……这就意味着孩子进入了性别的敏感期。

作为父母，如果你的孩子到了这个敏感期，成人千万不能马虎大意地回答，而应以积极的方式来应对，只有这样，才能更好地帮助孩子度过这一敏感期。

然而，面对这个问题，大人们似乎总是很害羞，大多数家庭中仍然是谈"性"色变；有一部分思想开放的家长想给孩子提前教育，却又欲说还"羞"，不知从何说起。

周末的一天，马女士和4岁的女儿妞妞在家看电视连续剧，说实话，马女士最讨厌看这种又臭又长的电视剧了，但在家实在无聊，就打开电视看了起来。

现代都市的情感剧免不了一些"少儿不宜"的镜头，马女士马上拿起遥控器准备调台，但妞妞已经看到了，她马上问马女士"妈,男人与女人为什么要亲嘴……结了婚为什么就生小孩了……我又是怎么来的……我为什么是女孩呢?"

女儿一连串的问题让马女士不知道怎么回答,她明白,是时候告诉女儿这些性知识了,"性"的问题,不能对女儿避而不谈了,孩子终归是要长大的。

"妞妞啊,其实呢……"

的确,我们的孩子在一天天长大,原本他只是个襁褓中的婴儿,但一转眼,他已经学会说话,学会向父母提问题了。而孩子到了4岁左右,他们最喜欢问的问题就是"我是从哪来的?人为什么只分男女?"这让很多父母不知所措,或是很尴尬,但其实,这样反而让孩子产生更多的疑问。其实,这是因为孩子进入了性别敏感期。

那么,面对孩子的性别敏感期,我们父母该怎么做呢?

1. 家长应转变观念

在传统的教育中,父母总是避讳和孩子谈"性"和生理上的问题,而让孩子自己去摸索,往往使许多孩子因一时的"性"好奇,而犯下错误。父母是孩子性教育的启蒙者,以自然、正常的态度,教导孩子正确的性观念,才不会让孩子从一些非正面的渠道了解,才不会让他对"性"有错误的想法和观念,你的孩子才会身心健康地成长!

其实,对于这一问题,我们要抱着一颗坦然的心,才能帮助孩子面对性别问题,帮助孩子度过性别的敏感期,而到底什么是坦然的心呢？其实，这就好比一位教育学家的形象比喻：就像教孩子认识眼睛、嘴巴、鼻子一样去认识他们好奇的世界就足够了。

2. 从正面教育

对孩子的生理课教育是不可缺少的一课，如果父母对孩子的疑问支支吾吾、躲躲闪闪，那么，孩子就会产生更大的疑问，带着这些疑问成长的孩子，日后就有可能试图从其他渠道了解，这些片面的、似是而非的甚至色情淫秽的内容，会妨碍孩子的身心健康地发展。所以，我们要从正面的角度去教育孩子，让孩子接受健康的、全面的知识。

3. 充实自己的性知识，为孩子答疑解惑

为什么许多家长在与孩子谈论性别问题时感到困难或者无从回答？其中一个主要的原因是家长自身对这些问题也很迷茫。事实上，正是因为家长们对这些问题避而不谈，导致了他们对性的知识也有限，因此，作为家长，应该学习一些有关性方面的知识来充实自己，了解一些与性教育有关的知识。有了比较足够的知识准备，与孩子谈论性问题时才会有自信心。父母的自信心是轻松而有效地实施性教育的关键。

4. 以自然态度面对孩子的问题，恰当回答

4岁的孩子其实已经有了初步的辨别能力，因此，在灌输孩子正确性教育前，自己先要有纯正思想，而后才能教导孩子纯正观念，提供适当的性教育，使孩子在很自然的情况下，吸收

性知识。另外，对孩子好奇的一些常规问题，家长既要如实相告，又不能太复杂，否则，只会让孩子更困惑。如人是怎样出生的？父母可以从植物结果讲起，接着联系到人的"性"与生殖，也可以从动物的生殖活动进行示范性比喻。浅显地介绍人类生殖的生理，有助于孩子弄清问题。

总之，孩子的性别意识是其形成自我意识的一个重要组成部分，而性别认同则是孩子从出生起就开始的一个学习过程。当孩子处于性别敏感期时，我们父母千万不可采取吞吞吐吐或是躲躲闪闪的态度来对待孩子，那样只会让他们对此产生越来越浓厚的好奇心；也不可对孩子进行错误的性教育，那样只会不利于孩子性心理的健康发展。

为什么男生站着尿，女生蹲着尿

我们都知道，小孩子在成长的漫长过程中总是充满好奇的，总会冒出各种各样的奇怪问题，尤其是到了4岁以后，他们的好奇心更强，有时候，他们问出的一些问题让家长不知如何回答。

比如，一些孩子在幼儿园看到男生是站着尿尿的，但是女孩子却是蹲着尿尿的，于是就有些疑惑为什么男孩是站着的，而女孩则不一样，女孩回家之后问自己的妈妈，一些妈妈尴

尬，让孩子不要问这种问题，一些妈妈则大声呵斥，此时，孩子的好奇心又被激发了：为什么这个问题不能问呢。

其实这是孩子到了性别敏感期的表现，因此，此时父母应该正面为孩子解答。如果父母又谈"性"色变，对孩子的问题遮遮掩掩，不让孩子知道原因，孩子反而会更好奇，严重的甚至有时候会做出一些出格的事情。

为此，对于孩子的这一问题，我们可以这样回答："男孩有小牛牛，所以要站着尿，你是女孩没有的，所以要蹲下尿，要不然会把裤子弄湿。"

不过，不少父母面临这种情况，对孩子支支吾吾的，告诉他这是羞羞的事情，让孩子以后不要再提。有一些家长则是隐晦地给自家孩子做了一次简略的性教育，但是这些方法都是不对的。家长们那些隐晦又模糊的词语，会让孩子理解成这个部位很羞耻很神秘，反而让孩子对这个家长一直在打马虎眼的部位更好奇想了解。

面对孩子这些问题，家长应该保持科学的态度，正面迎接且不要回避这个问题，也不用过度深入这个问题，这就和前面我们谈到的关于孩子的"我是从哪里来"的问题一样，要有技巧地回答孩子，不要在性教育上打马虎眼，避免导致孩子没有自我防范意识，模糊性别意识。

我们看到不少这样的悲剧，因为家长在性教育上的疏忽而导致孩子在很小时就被侵害，所以我们的家长们一定不要觉得孩子年龄还小，没必要让他们知道这么多。家长们要知道正是因为他们年龄小，所以才要早早地给他们树立好防范意识，这样他们独自一个人在外面的时候，才会好好地保护自己。

我们在对孩子进行性教育时，要让孩子明白小衣服小短裤遮盖的地方不能让任何人碰，如果有人碰了小衣服小短裤遮盖的地方，一定要赶紧告诉父母。家长们也要告诉孩子，如果有陌生人拉孩子去比较隐蔽，或者陌生的地方，千万不要过去，要及时跟身边的人呼救。家长们要在孩子好奇的时候告诉他身体的哪些部位绝对不能让别人碰到，也不能让别人亲到，也可以通过一些安全小测试、小游戏，教会孩子这些远离陷阱的方式。通过游戏来告诉孩子答案。有很多的孩子在他们生长发育期间都会问爸爸妈妈各种各样的问题，爸爸妈妈作为他们最直接的一个老师，应该通过学习各种各样的知识来解答孩子的疑惑，而不是面对孩子的疑惑，选择回避！当孩子问你为什么女孩子是蹲着尿尿，男孩子是站着尿尿的时候你就可以通过一些游戏来告诉孩子为什么是这样的。这样，孩子也比较容易接受你的答案，并且他也不会继续地追问下去。

家长们还可以找一些绘本，帮助孩子了解这些意识。另外，我们最好提前对孩子进行性启蒙教育，比如，我们可以通过一些动画片或者图片来告诉他们，这样子，他们比较容易接受。你们千万不要小看性教育，性教育对于现在很多小孩子来说是非常重要的，希望爸爸妈妈们可以重点关注一下！

总之，当孩子向父母问出了一些奇怪的问题，并且对这方面产生了好奇，家长们不要忽视，也不要随随便便地就把这个问题翻过去了，相反的，家长要跟孩子分享正确的价值观，因为在这种情况下，孩子懂得越多，越能够正确地保护自己。千万不要因为自己谈论起这些话题就忍不住脸红，于是就害羞，不愿意跟自己家的孩子说这些话题。

第 09 章

4 岁孩子的管教技巧——教育要有耐心、不能贪心

我们都知道，任何一个人的成长都要伴随着各种各样的痛苦，就像婴儿出生一样，不通过痛苦的挣扎，就不能脱离母体成为自己。成长就是一个不断经历挫败、忍受痛苦，面对困难的过程，失败和痛苦是生命的必然。因此作为父母，我们要明白，孩子的成长需要一定的过程，而在这个过程中，我们要多点耐心和智慧，尤其是孩子到了 4 岁后，随着孩子独立意识的萌芽，我们更不可以用过来人的眼光为孩子打理好一切，而应该让孩子自己去经历和体会，这样孩子才能健康成长。

管教孩子，要有耐心和智慧

我们都知道，家庭对孩子一生的成长是至关重要的，家庭是孩子人生的第一所学校，家长是孩子最重要的启蒙老师。父母与孩子朝夕相处，接触的时间和机会最多，父母的言行无时无刻不在影响着孩子，父母的教诲引导孩子从小走到大，对孩子今后的成功有着重大深远的意义。家庭教育作为孩子通向社会的第一座桥梁，对孩子的个性、品质和健康成长起着极其重要的作用。尤其是对于4岁这个年纪的孩子来说，他们活泼好动、精力旺盛，且总是有这样那样的问题，但即便如此，我们更不可急躁，对孩子有耐心是教育的智慧。有这样一个小故事：

一个4岁的小孩在草地上发现了一个蛹，他把蛹带回家，想看看蛹怎样化为蝴蝶。过了几天，蛹上出现了一道小裂缝，里面的蝴蝶挣扎了好几个小时，身体似乎被什么东西卡住了，一直出不来。小孩子于心不忍，就想助它一臂之力。于是，他拿起剪刀把蛹剪开，帮助蝴蝶脱蛹而出。可是，这只蝴蝶的身躯臃肿，翅膀干瘪，根本飞不起来，不久就死去了。

其实蝴蝶在蛹中的挣扎是它适应自然界的一个必经过程，没有这段痛苦的经历，它就无法强大。由这个故事联想我们

4岁孩子的管教技巧——教育要有耐心、不能贪心

对孩子的教育，我们应该认识到教育不是一两天的事情，教育工作中遇到的问题也不是一两次就能解决的。揠苗助长有害，欲速则不达，这是每个家长都应该明白的道理，我们要学会等待，对孩子要有耐心，要从一点一滴做起，慢慢教导孩子。

当然，在教育的过程中，除了要有耐心外，还必须要运用我们的智慧。

林先生是一名物理教师，他在教育孩子这一方面很有自己的心得，他曾这样陈述自己的一次教子经历：

我的儿子上幼儿园中班时，一次和小朋友玩疯了，回家时候忘了带书，他偷偷和妈妈说，不要告诉爸爸。吃晚饭的时候，他妈妈忍不住告诉我了，我就叫他不要吃饭了，把书找回来再吃饭，他哭着叫他妈妈和他去找书，在学校找保安拿到书。回来后表情舒展了。我和他说，一个学生丢了书，就像战士丢了枪一样。他马上就回我，"战士丢了枪，鬼子来可以躲起来啊！"我严厉地说："是的，战士丢了枪可以躲起来，那么老百姓谁保护啊？"他无言了，我又说："一个人不能忘记自己的责任啊！"前几天孩子他妈妈去青岛开会，我和孩子两个人在家里，我发现他每天夜里都要检查煤气、检查家门。一天我因为去学校早了点，忘记拿牛奶了，回去以后发现孩子已经拿回家了，而且放到冰箱里。孩子长大了。

林先生对孩子进行的责任教育，并不是陈述大道理，而是

从生活中孩子丢了书本这一事件入手,让孩子明白书本对于学生的重要性,从而让孩子从这一小事件中明白做人必须要有责任,后来孩子检查煤气、家门、拿牛奶等事,证明了林先生的教育起作用了。

的确,真正会教育孩子的家长往往都能遵循孩子成长的特点,凡事耐心引导,而不是不问青红皂白,向孩子发脾气。为此,我们在教育孩子的过程中,需要做到:

1. 倾听时,不打断,不急于做出评价

即使孩子的看法与大人不同,也要允许孩子有自己的想法。父母应考虑到孩子的理解能力,举出适当的事例来支持自己的观点,并详细地分析双方的意见。父母不压制孩子的思想,尊重孩子的感觉,孩子自然会敬重父母。

2. 分享孩子的感受

无论孩子是向你们报喜还是诉苦,你们最好暂停手边的工作,静心倾听。若边工作边听,也要及时做出反应,表示出自己的想法或感受,倘若只是敷衍了事,孩子得不到积极的回应,日后也就懒得再与大人交流和分享感受了。

3. 理解孩子的情绪

有时孩子也不清楚自己的情感反应,倘若大人能够表示出理解和接纳,他会有进一步的认识。譬如,当孩子知道奶奶买了玩具送给小表妹作为生日礼物的时候,他吵着也要,此时大人应解释道:"你感到不公平,但要知道这是给妹妹的生日礼

物，你生日时奶奶也会给你礼物的。"通过这番对话，能帮助孩子了解自己，了解社会，从而变得通情达理。

4. 领会孩子的话意

婴幼儿在不开心、不满意时，就会直接用啼哭来表示。逐渐长大后，孩子也知道哭不能解决所有的问题，因此，当他不快、疑虑时，往往将自己的感觉隐藏起来。再说孩子的语言能力尚未发展完善，不能以恰当的语句表达心中的想法。比如，当孩子生病时他会对你说："妈妈，我最恨医生。"此时你应顺着他问："他做了什么事让你恨他？"孩子若说类似于这样的话："他总是要给人打针，要人吃苦药水。"你可以表示理解地回答他："因为要打针吃药，你觉得很不好受，对吗？"这样，孩子的紧张心理会得以缓解，也会接受接下来的你的引导。

允许孩子有一定的自由，不要过度干涉

曾经在美国的一家大公司的集体办公室内，有一个漂亮的鱼缸，鱼缸里有十几条名贵的金鱼，凡是进进出出的人都会被这十几条美丽的鱼而吸引住。

这些鱼来这家公司的两年时间内，它们一直保持在三寸的长度，它们也过得自得其乐。可是它们的命运在一次偶然的事

我的孩子4岁了

件中改变了。

有一天,董事长调皮的儿子来找父亲,结果一不小心将鱼缸打碎了,可怜的小鱼没有了安身之地,大家都急忙为小鱼寻找各种容器。最终,一个聪明的职员发现院子内的喷水池很适合养育,于是,人们把那十几条鱼放了进去。

两个月后,这家公司的董事长吩咐工作人员再买来一个新的鱼缸,人们纷纷跑到喷水池那里去"迎接"小鱼回家,十几条鱼都被捞起来了,但令大家非常惊讶的是,仅仅两个月的时间,那些鱼竟然都由三寸来长疯长到了一尺!

到底是什么原因让这些小鱼在两个月内长这么多?原因有很多,可能是喷水泉的水更适合鱼儿生长,也有可能是水中含有某种矿物质,也有可能是鱼儿吃了某种特殊的食物,但无论如何,我们不能否定的一个重要的因素是,喷水泉要比鱼缸大得多!

其实,对于孩子的教育,何尝不是这样呢?鱼儿需要广阔的空间生长,孩子也需要自由的空间。当你的孩子慢慢长大,有了一定的自我意识后,我们也要给孩子一定的自由,如果你还想什么都干涉孩子,那么,你必须克制住自己。

其实,孩子到了4岁以后,已经逐步有了"我"的意识,所以他们希望自己生活在一个民主型的、和睦的家庭中,这样的家庭才会给自己一个温暖的归属港湾,当家庭不和睦时,孩子就会"有被抛弃感和愤怒感;并有可能变得抑郁,敌对,富于破坏性……还常常使得他们对学校作业和社会生活不感兴趣"。

的确，每一个父母，都应该作为孩子成长路上的引导者，而不是强制者，应该给孩子建议，而非命令，这样，才能让孩子自由成长，能让孩子感到来自父母的尊重和爱，那么，他们也会更加爱你。

为此，儿童心理学家建议我们的父母：

1. 尊重孩子的需要，让孩子自由探索

孩子的世界和成人的世界是不同的，对于他们成长道路上看到的很多事物，他们都会感到新奇，都有想探索的欲望，这也是孩子在成长过程中的一种本能的需要，对此，我们应该尊重，让孩子自由探索，这样，他才有更多的生活的体验，才能成长得更快。而假如我们剥夺了孩子的这种权利，那么，他们就体验不到这种乐趣，也会变得越来越没有自信。

2. 让孩子自己去选择

作为成年人，父母幸运地拥有大量选择机会，可以更好地控制自己的生活。而孩子，作为未成年人，也应该拥有选择的机会。

赵雨刚上幼儿园中班，最近，幼儿园举办一个少儿歌舞大赛。

赵雨告诉妈妈："老师想让我参加这次的歌舞大赛。"

"这是件很好的事，你去报名了吗？"

"还没有。"

"为什么？是不是没有想好？"妈妈问。

"竞赛时台下会有很多人看，我有点害怕。"赵雨很激动，毕竟这是她第一次参加这种集体性的竞赛活动。

"要是参加竞赛的话，也可以锻炼锻炼自己，不过这件事你还是自己决定，我只是告诉你我的想法。"妈妈鼓励道。

后来，赵雨自己决定参加这次竞赛。

让孩子自己抉择，有助于强化孩子的自我意识，赵雨的妈妈是位家庭教育的有心人，她也是明智的。因为一个经常为自己的人生做决定的孩子，他的生命力是汪洋恣肆的，尽管因为年轻，他会遇到一些挫折，但那些挫折最终和成就一起，让他感觉到自己的生命是丰富多彩的，"更重要的是，这是自己的。"

3. 尊重孩子的意愿

"孩子是小人，小人也是人。"做父母的应尊重孩子，把他当作家庭中平等的一员来对待，要尊重他在家庭中的地位，任何涉及孩子的事情，应尊重或听取孩子的意见。要尊重孩子的见解，甚至当你不同意时，也要以商量的口吻表示对孩子的尊重。如对话时，不要中断或反驳孩子；不要干涉孩子自己喜欢的方式等。

4. 不要过度保护孩子

孩子的成长过程虽然是充满恐惧的、战战兢兢的，但也是充满乐趣的。他们会摔跤，但作为父母，我们不能扶着孩子走，因此，如果你的孩子想尝试，那么你应该鼓励孩子，让孩子有尝试的勇气，而不是这样说："算了，多危险，不要做了。""小心点，你会伤害自己的！""你不能做这个，太危险了！"这样，孩子即使想尝试，也会被你的提醒吓退的。

5. 给孩子自己的小天地

无论你的居住条件如何，都要给你的孩子一块属于自己的小天地、小角落。在这个角落里，可放置玩具架及小筐、纸盒等容器，每天给孩子一些自由支配的时间，让他自己做决定，自由地带小伙伴玩耍，自己取放玩具，做一些力所能及的劳动。即使家庭条件不好，也要尽量满足孩子独立居住的要求，从生活上自主，也是让孩子自主的一个重要开始，给孩子独立的空间，有助于孩子独立思考。

总之，孩子的成长需要自由的空间，因此，要想使孩子平安、快乐地度过童年，父母就需要给孩子提供足够的自由空间，而不要限制孩子的自由。

对于孩子的要求，不能粗暴地拒绝

生活中，可能不少孩子到了4岁以后，家长们都会对他们

我的孩子4岁了

的教育问题感到头痛,因为这一时期是孩子的第一个叛逆期,他们任性、叛逆,有的甚至开始和家长对着干,也有一些孩子总对父母提这样那样的要求,此时,很多父母感叹:我该怎样拒绝呢,其实,千万不可粗暴地拒绝,也不可哄骗或者喝斥,而应该考虑到这一时期孩子的身心特点,多和孩子讲道理,那么,孩子自然会接受你。

我们先来看看下面这位妈妈是怎么教育孩子的:

周末这天,妈妈带着4岁的小丽来商场买学习用具。

买完学习用具后,妈妈准备回家,走着走着,小丽看到了一件连衣裙,非要买,妈妈说该回家做饭了。

小丽非要买,这时候,妈妈蹲下来,对小丽说:"我的乖孩子,妈妈知道你很喜欢这件衣服,但你发现没,你已经有十几件这样的裙子了。你看,妈妈每天都要辛苦地工作,才能挣钱给你买这些裙子。小丽是不是应该体谅一下妈妈呀?"妈妈说完后,小丽还是撅着嘴。妈妈一看小丽这样的表现,就继续说:"要不,等下周妈妈发了工资就给你买,好不好?"听到妈妈这样说,小丽高兴地答应了。

第二周的一天,妈妈下班后对小丽说:"妈妈今天带你去商场买那件裙子好不好?"但小丽却对妈妈说:"妈妈,我以后要做你的乖孩子,再也不乱买衣服了。"听到小丽这样说,妈妈欣慰地笑了。

这种故事中,小丽妈妈的教育方法值得很多父母借鉴。

教育女孩，需要考虑到女孩的心理特点，她们更喜欢父母与她们讲道理，而不是粗暴的压制。因此，若你的孩子和你意见不合，不愿意听你的话，你有必要采取正确的方式说服孩子。这样，能减少亲子间的冲突，并通过把决定权交给对方的方式，让孩子觉得受到尊重，因而会愿意做出配合的决定。具体来说，有以下几个方法：

1. 在平时的教育里就明确地告诉孩子能做什么，不能做什么

比如，当你带孩子去亲戚家做客的时候，你要告诉他，不能随便拿人家的东西，并告诉他，这是不好的行为习惯。这样，在日后的拜访中，他便不会提出这样的无理要求。

2. 多说"我"，少说"你"

为了能让孩子觉得你和他是站在统一战线、是为了他好，你在说话的时候，不要总说"你应该……"，而应常说"我会很担心的，如果你……"。

3. 让孩子自己做选择题

例如，你想让孩子按时吃饭，但他就是想看电视，此时，你可以这样对孩子说："宝贝，《喜羊羊》很好看，对吧？那你以后是饭前看呢，还是饭后看呢？"这样，用选择题代替是非题，那么孩子不论作出哪个选择，都能达成共识。

我们再举个例子，妈妈想叫孩子关上电视，去做功课，这时与其大吼"快把电视关了，去做功课"，不如说"乖，你是要先吃饭还是要先做功课"。这么一来，不论孩子做任何选

择，做妈妈的都可达到让他离开电视机前的目的。

注重让孩子自己做选择，能帮助孩子树立独立的信心，因为一个人做出什么样的选择，就是在描绘他今后的人生，对孩子的成长至关重要。

每个孩子都有他自己喜欢的沟通方式，4岁的孩子也是，对于4岁的孩子来说，他们处于独立性萌芽期，一切事物都想去触摸，去查看，都想弄个明白，这是一件好事，但是他们并不知道自己的行为边界，为此常提出一些不合理的要求，对于孩子的这些要求，我们既不可包办代替，也不可断然拒绝。否则，孩子的无理要求就会越来越多。作为父母，我们要想成功说服孩子，就要从他喜欢的方式入手，并掌握一定的沟通技巧，而不是硬性地把自己的观点传达给孩子，这样才能让孩子接受你的拒绝。

适当约束，不要放任孩子的行为

我们都知道，无规矩不成方圆，我们的孩子在很小的时候，并没有明确的是非对错观念，而到了4岁以后，他们的独立意识开始萌芽，且对事物充满好奇心，但他们很多情况下不知道自己的行为边界，此时就需要父母来进行约束和提醒，而如果我们放任孩子，就会导致他们为所欲为，一个没有自制力与约束力的孩子，怎么能谈成人和成才呢？

还有一类父母，他们对孩子管得过严，他们认为慈母多败儿、棍棒之下出人才，所以采取严格管制的教育方式，而其实，这只会教育出唯唯诺诺、胆小怕事的孩子。

这两种观点听起来都有些道理，但问题就出在这些父母处理矛盾的方式不是综合考量，而是走向了极端。这种非此即彼的选择，必然会给孩子的成长造成负面影响。我们家长们有必要认识到：约束和爱本来就是统一的。

在《家庭教育》一书中有这样一句话"有规矩的自由叫作活泼；没有规矩的自由叫作放肆；不放肆叫作规矩，不活泼叫作呆板。"听起来很拗口，但理解起来却不难："比如牧牛场，周围用铁栅栏起来，牛在栅栏里吃草喝水，东奔西跑，这叫作活泼，放牛人不好干涉它；如果跳出栅栏外，就是放肆，就不得不干涉。不出栅栏，这就是规矩；如果在栅栏里，却不准它吃草喝水，或是东奔西跑，如此就是呆板了。"

同样的道理，如果我们给孩子的爱，造成了孩子的自私与懒惰，让孩子缺乏最基本的能力与教养，那这种爱就是贻害无穷的。相反，如果我们管教过严，造成了家的淡漠和冰冷，让孩子的天性受到了压抑和扼杀，那么这种管教就是毫无意义的。

那么，我们该如何约束孩子的行为呢？

以下是五点原则：

1. 有些事，不能惯

有家长说："家里有规矩，但孩子耍赖也没辙啊！"这是很多家庭的通病：孩子不听你的原则，常常以哭闹、不吃饭来要挟父母。这很大程度上是由于父母一而再再而三地降低底线。比如，和孩子约定好每天只玩半个小时iPad，但孩子一哭闹，大人就妥协了，于是又多玩了半个小时。

被惯坏的孩子有一个特点，就是他们的要求总是被满足。第一次出现问题，大人就妥协，只会为自己和孩子的将来带来更多麻烦。

2. 让孩子明白，自己的事尽量自己做

有的家长还认为孩子小，做事磨蹭，父母先帮孩子万事包办了，以后再培养也来得及。其实在孩子每个年龄段，都有他们自己力所能及的事情。家长可以根据孩子的特点，告诉孩子什么事情是他自己要做的。爱从来不是大包大揽，教会孩子解决问题的方法，而不是帮他解决问题，这才是真正的爱。让孩子多做一些力所能及的事情，时间久了，他才会在成长中学会自立自强。

3. 结合孩子的生活建立常规，让孩子明确自己的行为界限

孩子从早晨睁开眼睛到晚上睡觉，一天的生活当中，上下楼、如厕、盥洗、进餐、午睡等每个环节都离不开我们的约束，而约束孩子的行为，要立足于我们生活的方方面面，需要我们了解并遵守。由于孩子年龄小，理解能力有限，我们对

孩子的教育要细致，要明确，要有耐心，要让孩子在理解的基础上逐步加深印象，给孩子养成的时间，只有通过不断的强化，不断的累积，结合严格的要求，才能让孩子做到持之以恒。

4. 在游戏中帮助孩子了解各种规则

年幼的孩子年龄特点决定他们的游戏与学习是分不开的，富有情趣的游戏对孩子有很大的吸引力，幼儿期是一个人身体、智力、情感和社会性飞速发展的时期，由于他们大部分时间是在幼儿园度过的，因此，在对他们规则意识的形成培养中，充分利用孩子玩耍的各类游戏，将孩子的规则学习与培养有机地融入于孩子的游戏中，可以帮助孩子了解规则，巩固规则。

如表演游戏"公共汽车"，孩子扮成年龄、身份不同的乘客，在有情景的社会性游戏中，模仿生活中人们的语言、行动，体验人们对周围事物的感受，实践着社会所要求的行为规则，孩子在反复的游戏中了解了乘车的规则与礼仪，并逐渐把社会的规则要求变成自己的主动行为，进而迁移到生活当中。在游戏中，利用环境暗示法，让环境说话，让环境的设置告诉幼儿参与这个游戏应遵守的规则，如用插卡标志，限定游戏人数；用安静图标，告诉大家要安静等，这种环境暗示没有任何的强制、命令和压抑，可以帮助孩子在轻松愉快的氛围中接受教育。

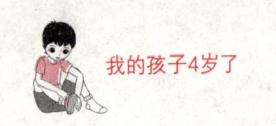

5. 让孩子明白，他必须学会承担责任

绘本《我永远爱你》中就有这样的对话：

阿力："如果我把枕头弄得羽毛满天飞，你还爱我吗？"

妈妈："我永远爱你，不过，你们得把羽毛收拾起来。"

阿力："如果我把画画的颜料洒在妹妹身上，你还爱我吗？"

妈妈："我永远爱你，不过，你得负责给妹妹洗澡。"

这个故事中的妈妈做得特别好，她不厌其烦地保证"我永远爱你"。

同时又不忘强调：孩子，你要对自己的行为负责。你要尽可能想办法恢复或弥补，你的所作所为带来的后果。

父母不能帮孩子逃避，而应该要求孩子为自己的错误言行承担后果，让孩子有面对错误的诚实和勇气。

作为父母，我们都爱孩子，但我们更有责任培养出孩子的好品格、好习惯，这也是我们的责任，我们爱孩子，但也同时要约束孩子，这样才能成就孩子的未来。

第 10 章

4 岁孩子的学习兴趣——要靠父母的培养和吸引

孩子到了4岁以后,有了一定的学习能力,此时,我们不仅要为孩子提供好的教育条件,更要成为他们学习上的帮手,并且要注意培养方式,我们要多注意引导,多培养孩子的兴趣、激发孩子的求知欲、传授正确的学习方法,从而为孩子未来的学习生涯奠定基础。

我的孩子4岁了

培养孩子多动脑的习惯

一天晚上看图画书时,东东发现上面有个拼音是错的,于是,他拿着作业本去找在看电视的妈妈:

"妈妈,你看,这个字写得不对!"

"怎么可能,你自己搞错了。"

"真的,妈妈,您看看嘛!"

无奈,妈妈拿过来看了看,发现果然是一个错误的拼音,然后赶紧给东东道歉:"对不起啊,儿子,妈妈错了,妈妈不该只顾着看电视,而打击你质疑问题的积极性,以后遇到类似的问题,你都可以来问妈妈,妈妈不知道的,也会找人帮你解决。"

其实,当孩子到了4岁以后,就有了一定的独立自主意识了,此时的他们不但要了解"是什么",还开始经常问"为什么",此时是开发孩子大脑的最佳时期,而很多时候,孩子的爱动脑的习惯却被家长扼杀了。比如,当孩子遇到疑问的时候,他们会告诉孩子:"你把老师教的学好就行了,别管那些,简直耽误学习!"孩子放学回家的时候,家长问孩子第一句话:"老师教的知识都记住了吗?""今天考了多少分?"于是,孩子在父母这些"谆谆教导"下,开始变成一个"听话"的孩子，而孩子提出质疑的积极性也就打消了。

那么，作为父母，我们该如何培养孩子多动脑的学习习惯呢？

1. 允许孩子说出自己的想法，允许孩子有自己的想象力

孩子的想象力是孩子学习和创造的动力之源，具备想象力的孩子才敢于质疑，没有想象力的孩子就像一潭死水，没有生机和活力。家长绝对不能有意无意地扼杀学生的想象力。那么，如何保护和培养孩子的想象力呢？

这就要求家长要有足够的耐心，要允许孩子说出自己的想法，对孩子充满想象力的答案要给予表扬，遇到问题鼓励孩子打破常规，发挥自己的想象力，不要用标准答案要求孩子，允许孩子有不同的答案、不同的见解。对于孩子的错误要宽容，久而久之，才能培养出孩子善于想象的天性。

2. 培养孩子多动脑的习惯

任何一个成功者，都是善于思考的。牛顿通过对苹果落地现象的质疑产生了关于重力的思想。爱因斯坦通过对太阳的质疑产生了关于相对论的思想。爱迪生因为最爱向老师"问为什么"而成为伟大的发明家。

思考是提出质疑、发现新问题的前提，一个只知记忆，不善思考，不敢质疑问难的孩子不是个好孩子，不会有创新能力，只能是一个平平庸庸的人。父母要想让你的孩子有所突破的话，就要鼓励孩子多思考，比如，在做数学题的时候，你可

以鼓励孩子多找出其他解题的方法；当孩子对某些生活现象产生疑问时，你也要鼓励孩子多思考，久而久之，孩子爱思考的习惯也就形成了。

3. 重视孩子提出的问题，培养孩子质疑的积极性

一些父母认为，只要儿子在课堂上踊跃发言就好了，而对于一些与学习无关的问题就不要问了，于是，对于孩子的问题，他们一般是忽略或者批评，而其实，要想提升孩子的求知欲，就要从日常生活中开始，重视孩子提出的问题，并带领他们思考问题，他们才会更愿意动脑和解决问题。

4. 安静等待，让孩子自己想想

对于孩子的一些思考活动，作为父母一定要小心呵护，绝不要阻止他们自发的这些活动。每当发现孩子在进行这些活动的时候，我们需要做的就是等待——除了"观察和等待"之外，不需要提供任何不必要的帮助。除非孩子主动请求父母的援助。

总之，孩子的头脑不是一个等待填满的容器，而是一个需要点燃的火把。父母一定要消除"听话的孩子就是好孩子"这一观念，要不择时机启发和培养孩子多动脑的习惯和敢于质疑的精神，鼓励孩子在学习中勇于提出问题，敢于表现自己，敢于独出心裁，敢于挑战权威、挑战传统，努力使孩子养成想质疑、敢质疑、会质疑、乐质疑的良好习惯。

让孩子养成爱阅读的习惯

我们管教孩子，使之成为一个精神富足的人，方法有很多种，其中就包括读书，而让孩子爱上书籍的一个重要方法就是让他们养成阅读的习惯，为此，我们要尽早地对孩子进行早期阅读教育，而儿童教育专家建议，对孩子的这一教育的最佳年龄是4岁左右。阅读不仅能丰富孩子知识，开阔孩子视野，陶冶孩子情操，而且能促进孩子思维能力、想象能力、口语表达能力的提高，同时还能促进孩子社会化认知和情感的发展。

然而，有的父母认为三四岁的孩子并没有阅读的能力，而事实证明4岁的孩子已经可以做到下面这些事：

1. 可以指认出自己认识和熟悉的文字

中班的孩子已经开始在幼儿园接触到一些文字，或者在图画书或者电视上看到一些简单的字，而对于这些熟悉的字，他们再看到的时候，能指出来，比如他会告诉你他认识《小金鱼逃走了》封面标题的"小"，这表明他们开始认识到文字和平时看到的图形不同，有着其特殊的意义，且有其读音。

2. 可以觉察出文字的不同功能

随着孩子接触面的扩展，他们开始认识到不同的文字有不同的功能，比如，他们知道妈妈贴在冰箱上的购物清单和餐厅里的菜单内容，它们所代表的用处与功能就是不一样的。

3. 主动尝试使用自己认识的新字词

在孩子认识了新字词后，会在大人或其他幼儿园孩子那里模仿，且会主动尝试在生活中运用。

4. 听音辨识的能力更加敏锐

如果父母能经常为孩子讲故事、唱儿歌、念童谣，孩子此时的听音辨识的能力会更加敏锐。

这些看似普通的阅读能力，其实累积起来，对于孩子的阅读兴趣与未来独立阅读能力的养成具有超乎想象的影响力，因此，父母应该对孩子进行早期阅读教育。

我们先来看看下面故事中的妈妈是怎么教育儿子的：

"我的工作很多，每天有做不完的事情，但即便这样，我还是不忘对儿子的教育，儿子今年4岁了。年初，我就和老公商量，谁有时间，就要带儿子去图书馆。刚好最近我在网上看到一个读书的活动，主要是倡议我们鼓励孩子多看书。

第一次是我带儿子去的，他刚走进图书馆，就被震撼到了，说怎么有这么多书，后来，那一整天我们都在图书馆，到下午五点的时候，我提醒儿子该回家了，他才不舍地离开图书馆，我问儿子有什么感受，他说：'妈妈，以后我们可以不可以自己盖一个图书馆，里面好多好玩的东西。'我知道，我们这一次图书馆之行起作用了，儿子爱上读书了。"

这个故事中，我们看到一对母子的图书馆之旅。可以说，从小出入图书馆的人有着卓越的学识和特有的气质，因为读书是一项精神功课，对人有潜移默化的感染。这种特殊的气质，就是由连绵不断的阅读潜移默化养就的。

只不过，4岁孩子在身心发展上具有相当的独特性，因此，该如何从孩子的发展特征考量，为他们量身定制最适合的阅读内容呢？

1. 故事是孩子感兴趣的，能抓住孩子的注意力

很多父母抱怨，孩子往往没听完故事就失去耐性；其实导致孩子缺乏耐心的主因有两个：一是故事太冗长，二是故事不够有吸引力。根据统计，孩子到4岁时的专注力平均长度约有七分钟，因此过于冗长的图书内容一定会造成孩子分心。

但是，若内容能符合孩子的兴趣时，他的专注力就能随之增加。因此可以选择图画色彩鲜明、容易吸引孩子注意的图书。与孩子生活有关，图画内容简单具体有趣的书，能让孩子有兴趣看下去，并让孩子有发挥创造力和想象力的机会。

2. 故事情节是孩子可以理解，与他的生活经验相关的

此阶段的孩子开始进入团体生活，生活经验顿然增加，认知学习的渴望也随之增加，在阅读过程虽然还只是停留在对字面意义的理解，但他们对故事情节进展的观察可是越来越敏锐了。因此，家长可以尝试提供稍微复杂的故事书给孩子，间接地增进孩子在认知上的进步。

只不过，父母在为孩子挑故事书时，要避免书的内容超

过孩子的理解程度；同时，故事的结局最好是明确、有条理的，故事结局是模糊或模棱两可的图书则较适合年纪稍长的孩子。

3. 可以激发孩子想象力的图画书

4岁以后的孩子随着认知能力的提升，想象力也开始起飞；此时充满创意的图画书，最能投其所好了。因此，父母不妨挑选一些幻想类的图画书，引发孩子想象的空间。

4. 可增加社会情绪类图书

随着动作、表达、认知能力的增长，4岁左右的孩子已能展现更多的利他行为。因此，和孩子一起读读社会情绪类的图画书，除了帮他更好地认识自己的情绪外，当孩子与同伴交往的过程中，也更能敏锐地同理其他小朋友的情绪感受，使孩子具备良好人际互动的技巧。这些让孩子有良好人际的能力，都是可以从阅读经验中得来的。选择与孩子情绪经验有关的图画书，和孩子一起读，这也是帮孩子处理情绪问题的一种方式。

5. 可以选择现在流行的书本形式

现在的儿童图书有多种形式，不仅仅有色彩鲜艳的平面设计，还有立体图书、翻翻书、游戏书之类，父母可以选择不同形式的书本，与孩子一起阅读，让孩子感受阅读的乐趣。

另外，家长需要注意，早期阅读不能和早期识字混为一谈，更不能被早期识字所取代，在强迫孩子大量识字的过程中，一个更隐性，也更可怕的后果是很有可能会因此而抹杀孩子对阅读的兴趣，使孩子觉得阅读是一件痛苦的事情。

支持孩子的兴趣爱好

"一天晚上，我在厨房做晚饭，听到客厅传来并不是很好听的歌声，我走进客厅，看到我4岁的女儿在随着伴奏的音乐唱歌，我马上对他说：'宝贝，你唱的简直太棒了！'现在她已

经出了自己的专辑，我是她忠实的歌迷。"

"飞飞4岁的时候，我给他做了一块小黑板，从此他每天都教邻居家3岁的小孩子识字。现在他是一所中学的教师。学生们都很喜欢他。"

这里，我们可以发现，每个孩子的天赋蕴藏于其兴趣中，而这需要父母的支持和鼓励。

然而，我们却发现，现实生活中，一些父母认为，成绩好才是王道，于是，他们把所有精力都放在引导和帮助孩子提高学习成绩上。甚至在孩子在幼儿园时就为孩子安排各种早教班，为的是不让孩子输在起跑线上，而事实上，这无疑扼杀了孩子对学习的兴趣，也扼杀了孩子的天赋。

另外，我们父母不要为了追求短期的效应，让孩子把所有精力都放在学习上而忽视了其他方面的发展。尊重他的兴趣，让孩子玩得自主，孩子也才会快乐地学习和成长，这也才是防止孩子在未来出现短板的最好教育方法。

具体来说，我们需要做到：

1. 尊重孩子的个性，别把你的兴趣和爱好强加给孩子

每个孩子都有自己独特的性格，很多有所成就的家长都希望自己的孩子能按照自己的兴趣、爱好，甚至为他规划的人生走下去，希望"子承父业"。而其实，每个人都有自己的个性，即使他是你的儿子，也不是你的附属品，也有自己的兴趣爱好，他们更希望从家长那里得到认同。因此，家长不要一味

地为孩子做决定。

2. 尊重孩子的兴趣和爱好

日常生活中，我们应该多给孩子选择的权利，从孩子的兴趣爱好出发，否则可能会事与愿违，严重的还会导致孩子产生厌学情绪，对生活和学习造成消极影响。在缺乏尊重的家庭环境中，孩子没有自己的意识，丧失独立自主的能力，将来走上社会，也难以适应社会的发展。

父母应该尊重孩子的身心发展规律，在了解孩子兴趣的基础上，和孩子商量，尽量让孩子自己拿主意。这样孩子会感激你的理解，在学习的过程中才会更有积极性。

3. 要听取孩子的意见

孩子也是独立的个体，童年时期的孩子更是如此。

4. 家长不要有功利心理，要允许孩子发生兴趣转移。

人的兴趣爱好不一定是一成不变的，大人是如此，更何况孩子。随着年龄的增长、接触面的拓宽以及自身社会经验的加深，孩子的兴趣也可能发生变化，比如，小时候他喜欢钢琴，而现在却对计算机产生兴趣。而有些父母，出于功利心理，不能接受孩子的兴趣转移。比如，因为当初给孩子买了钢琴，就不允许孩子的兴趣再发生变化了。这些父母可能强迫孩子天天练琴，直到孩子彻底丧失对弹琴的兴趣。这种做法并不可取。

其实孩子拥有丰富的兴趣对自身发展而言是种提高，父母

要鼓励孩子全面发展自己的兴趣，允许孩子的兴趣发生转移。

一个人，如果不能在诸多方面得到全面发展，在哪一项上存在严重漏洞，都会影响他的人生前途。因此，作为父母，在教育孩子的过程中，一定不能只看重孩子的成绩，而应该尊重孩子的爱好，支持并鼓励孩子发展自己的兴趣爱好，这不但有利于增进亲子间的关系，也能让孩子得到全方面的发展。

总之，每个孩子都是一粒亟待发芽抽枝、开花结果的种子，也许他是玫瑰花种，将来会绽放绚烂的玫瑰；也许他是一株小草，将来会焕发出绿色的、倔强的生机……然而有一点不容置疑：孩子天赋的发挥离不开父母对其兴趣爱好的支持和鼓励。

为孩子营造良好的学习环境

作为父母，我们发现，孩子4岁以后，已经有了一定的知识学习能力，能认识一些拼音、文字等，此时，我们也应该给孩子创造良好的学习环境，然而，一些父母认为，给孩子买最好的学习工具，进最好的学校，请最好的家教老师教，就是给孩子创造好的学习环境了。

其实，你是否曾留意到，当你们之间因为一件琐事吵架的

4岁孩子的学习兴趣——要靠父母的培养和吸引

时候,孩子的心情如何?当你们把亲戚朋友聚在一起吃喝的时候,有没有考虑过是不是会影响孩子的学习?当你们对他期望过高时,孩子能承受那么大的压力吗……很多时候,我们都忽视了家庭环境对孩子的学习的影响。

家庭是每个孩子成长、生活和学习的基地,能否为孩子创造良好的学习环境,对孩子的学习有着直接的影响。我国古代就有孟母三迁的故事,讲的是孟母为了让孩子不染上市侩气,成为一个学识渊博的读书人,不厌其烦、多次举家搬迁,从而为孩子创造了合适的学习环境。孟母这样重视环境对孩子的影响,是值得后人借鉴的。

那么,应该怎么样为孩子营造一个良好的家庭学习环境,让孩子能开开心心地学习呢?

1. 硬件环境

这里所说的硬件环境,指的就是物质环境,孩子是没有经济来源的,这需要作为父母的我们为孩子提供。青春期的孩子需要的学习环境包括安静的住所、明亮的书房、舒适的桌椅、合适的灯光、必备的学习用品等物质条件。这些环境对一般家庭来说都不难做到。

(1)打造一个专门的学习场所。在有条件的情况下,为孩子准备一个专门的房间让孩子安心学习。房间要整洁、明亮,不需要复杂的装饰,布置简洁舒适即可。电脑和电视不要放在孩子的房间里,玩具收起来放到柜子或箱子里,以免孩子

在学习的时候分散注意力。没有条件的情况下,也最好为孩子准备一个学习角,安置书桌和椅子,让孩子有一个安心学习的地方。

(2)营造一个安静的不受干扰的学习环境。家长要为孩子准备一个安静的不受干扰的学习环境,让孩子能全神贯注地学习。在孩子学习的时候,家长要监督孩子远离电脑、电视机、手机和玩具等会分散孩子注意力的东西,不要让孩子一边学习一边做其他事。另外,孩子学习的时候,家长也要克制一些,不要在家里看电视、打麻将、大声谈笑,以免嘈杂的声音干扰孩子,让孩子难以静下心学习。所以,家长在孩子学习的时候，要尽量为孩子排除一切干扰孩子学习的因素。

2. 软件环境

与物质环境相对，软件环境指的是精神环境，包括父母、家庭成员之间的关系、家长对孩子的期望程度、父母的文化素养等各个方面。

（1）营造一个温馨和睦、和谐的家庭环境。温馨和睦、和谐的家庭有利于孩子的身心健康成长，能给孩子足够的安全感，让孩子心无旁骛地投入到学习中去，因此，父母要努力为孩子构建一个温暖、和谐的家庭环境。夫妻之间要相互尊重，相互理解，即便发生矛盾也不要当着孩子的面争吵，以免让孩子因此感到焦虑和不安；父母要多和孩子沟通，尊重孩子，让孩子亲近和信赖，成为孩子最好的朋友，这样，孩子遇到学习上的难题，也愿意向父母倾诉，和父母一起寻求解决的办法。

（2）不要给孩子施加压力，告诉孩子只要尽力就行。作为家长，我们不要硬性地给孩子制订一个分数目标并让孩子去完成，应让孩子在一种良好的心态下学习。虽然4岁的孩子还在幼儿园，但未来他们也要参与文化学习，提前让孩子明白，以后无论成绩怎样，只要尽力就好，他们也会对学习产生积极的兴趣。

（3）适当监督，不可唠叨。家长的唠叨是每一个孩子最惧怕的。作为家长，我们都希望孩子好，但我们说出来的话，孩

子们都懂，他们更需要安静和理解。

孩子的学习，家长要对孩子监督，但说话要少而精，要有分量，不要一句话说多次，否则孩子就会反感。

不得不说，环境对人的影响是很大的，良好的学习环境能起到促进激励孩子努力学习，促进孩子身心健康成长的作用。家长要为孩子构建一个良好的学习环境，让孩子全神贯注地学习和思考。

然而，不难发现，一些父母以为只需要给孩子好的物质环境即可，其他就应该孩子自己努力，他们下了班回来只顾自己娱乐，不是放录音机，就是开电视机，或是把一些无所事事的人约到家里喝酒聊天、唱歌、打麻将。这些会严重影响孩子的学习和成长，是需要特别注意的。

另外，我们父母还要为孩子创造一个良好的家庭环境，所谓良好的家庭环境就是全家人关系和睦、融洽、父母子女之间相亲相爱，这样，孩子就会开开心心，不会因为家庭的争吵、不和而影响到情绪，也会有一个很好的榜样作用，这是很重要的。

增进亲子互动，在互动中开发孩子的学习能力

有位父亲这样回忆："一个春天的周末，我带着4岁的女儿

来郊外的河边踏青,河水清澈见底,依稀能看见河底的鱼儿游来游去,此时,女儿好奇地问我:'爸爸,为什么鱼儿会游泳呢?''鱼是依靠腹腔中的鱼鳔才能浮在水中的。鱼鳔中充满了空气,所含空气的多少决定了鱼身浮起的深度。'

听了我的解释,女儿若有所悟地点了点头。但我又反问了女儿一句:'那鱼儿为什么不能生存在陆地上呢?'女儿皱着眉头想了一会儿,还是摇着头问我:'爸爸,这是为什么呀?'这时,我把一本早已准备好的《十万个为什么》交到她手中,并对她说:'它会告诉你。'从那以后,女儿的问题仍然很多,但遇到问题时,她已经不再问我了,而是自己去《十万个为什么》中寻找答案。"

案例中,这位父亲教育孩子的方法值得我们学习,在亲子互动与沟通间让孩子学到知识,这里虽然他为女儿详细解答了问题,但他却没有让女儿满足现有的答案,而是继续给女儿制造疑问,让她的探索一直延续下去。这样,孩子的学习欲望永远也不会停止。

儿童教育专家指出,对于孩子来说,他们从4岁开始,就已经有了丰富的想象力和思考能力,作为父母,一定要开发和挖掘孩子内在的学习潜能,把这种想象潜能转化为一种智慧和能力。而父母教育孩子最好的方法就是互动,让孩子感受到平等和尊重,他们便会对你产生信任,进而愿意与你沟通成长中的问题。

我的孩子4岁了

那么，家长可以与孩子进行哪些亲子活动呢？

我们建议：

1. 与孩子一起孩子读书

这样，父母往往会把自己的读书兴趣和习惯传递给孩子，孩子会在潜移默化中受到影响。美好的亲子阅读时光和互动，不仅能让孩子自由地发问、思考，而且能增进亲子感情。父母对书中内容的引导，会给孩子留下深刻的印象。

2. 互动游戏

让孩子在游戏中学知识，4岁孩子的主要活动依然是游戏，他们不喜欢枯燥的学习形式，父母和他一起游戏，就能够在欢乐的气氛中把知识传递给孩子。当然，这种游戏只适合年龄尚小的孩子，游戏也并不是网络游戏。

3. 多带孩子出去走走

有人说，读万卷书，不如行万里路。其实，哪一样都很重要。孩子的日常读书是一个持续的过程，而孩子小的时候出去对大自然的欣赏、对民俗风情的理解以及对另一环境里的人民的生活状态的认识，都会对孩子未来的生活和职业选择产生影响。

4. 尝试着用语言表达你对孩子的爱

生活中，很简单的一个例子，比如，如果你的女儿取得了一个好成绩，做父母的，需要赞扬、鼓励她，这时，如果家长单纯地用语言与孩子沟通，告诉孩子："女儿，你真棒，妈妈因为你而骄傲！"她也会很高兴，但是这种高兴劲也许没过多久就被她忘记；如果父母运用非语言和她沟通，微笑地走向孩子面前，给她一个拥抱，然后再告诉她："女儿，妈妈为你而骄傲。"这样，她将永远也不会忘记妈妈对她的赏识和鼓励。

5. 让孩子学会多探索，多记忆

（1）多种方式让孩子探索。孩子记忆力是超过父母想象的，他们在眼睛看、耳朵听的同时，还在积极思考。所以，父母可以通过各种方式让孩子在知识的海洋中探索。

（2）营造与孩子的亲密时光。孩子越大，越渴望与父母有交流，只是很多父母忽视了孩子的这种需要。

（3）全面看待孩子的"坏"习惯。孩子不是完美的，总是会有这样那样的"毛病"。比如，喜欢接话茬。如果我们完全禁止他，要他闭嘴，这在一定程度上会影响他的积极性。只有我们教导他如何正确表达自己的看法，他才会更好地发挥自己的优点。

6. 丰富孩子的课余生活

父母可以根据孩子的特性，培养孩子的一些爱好，比如，如果孩子情感细腻，你可以培养他的鉴赏能力，陪他读书，让他听名家的琴曲，这样，虽说不能培养出"琴棋书画"面面俱到的孩子，但是这对孩子加强性格修养、丰富孩子的精神世界和培养孩子的良好心态都是有益的。

总之，父母要认识到，孩子的成长需要成人的参与，而互动能帮助我们拉近亲子关系，帮助我们打开孩子的心扉，还能提升孩子的学习能力，进而对孩子的成长起到积极作用！

参考文献

[1]朱永新,孙云晓,李燕.这样爱你刚刚好,我的4—5岁孩子[M].长沙:湖南教育出版社,2017.

[2]李静.陪孩子走过3—6岁敏感期[M].北京:北京时代华文书局,2017.

[3]简·尼尔森.3—6岁孩子的正面管教[M].北京:北京联合出版公司,2013.

[4]周礼.正面管教儿童心理学[M].上海:文汇出版社,2017.